ÉLOGE DU SILENCE

« *Espaces libres* »

MARC DE SMEDT

Éloge
du silence

Albin Michel

Albin Michel
■ *Spiritualités* ■

Collections dirigées
par Jean Mouttapa et Marc de Smedt

© Éditions Albin Michel 1986

à Marie

Les états du silence

*Si le mot que tu vas prononcer n'est pas
plus beau que le silence, ne le dis pas.*

Précepte soufi.

Henri Michaux, après avoir vu la première exposition de tableaux de Paul Klee en revint « voûté d'un grand silence ». C'est après avoir lu cette phrase que je décidai d'écrire ce livre.

Si l'on peut dire avec John Cage qu'il n'existe pas de silence total car il se produit toujours quelque chose qui émet un son, on peut affirmer aussi que le silence ne cesse jamais d'impliquer son contraire et que seul le fond sonore de notre environnement nous permet de le reconnaître. Le silence, c'est du temps perforé par des bruits. Et la formule de Valéry est jolie : « Celui qui sourit et se tait regarde un sablier invisible. »

La psycholinguistique du silence est aussi riche que celle du langage : dans les rapports amoureux, amicaux, hiérarchiques, professionnels, dans tous les moments qui impliquent une communication, l'infinie variété des silences se révèle pleine de sens. D'or, car vraie force active.

Le silence est la couleur des événements : il peut être léger, épais, gris, joyeux, vieux, aérien, triste, désespéré, heureux... Il se teinte de toutes les infinies nuances de nos vies. Sans cesse, si on l'écoute, il nous parle et nous renseigne sur l'état des lieux et des êtres, sur la texture et la qualité des situations rencontrées. Il est notre compagnon intime, l'arrière-fond permanent sur lequel tout se détache.

Lieu de la conscience profonde, il fonde notre regard, notre écoute, nos perceptions.

Le silence intérieur : comment dans le tumulte de pensées, fantasmes, images qui nous habitent, peut-on arriver à retrouver le silence en soi ? Artistes, poètes, philosophes, mystiques nous parlent de cela depuis toujours et indiquent des moyens utiles : ils savent tous que dans l'attention au silence de la pensée, s'enracine toute créativité. Que de lui, ainsi que l'exprime un koan zen, s'élève l'esprit immortel.

Cet ouvrage est une méditation sur cet élément essentiel, et méconnu, de nos existences. Dans un monde de plus en plus bruyant, la valeur du silence est en effet à redécouvrir. Nous l'avons peut-être oublié, nous sommes des êtres porteurs de toute la sagesse immémoriale du silence.

Voici, exprimé avec des mots, un essai de voyage dans le non-dit. Qui ne veut rien prouver, mais juste... suggérer.

Fondations : le mot silence apparaît dans notre langue au XIIᵉ siècle, très exactement en 1190. Il vient du latin *silentium,* dont il est la traduction exacte. Notre ancienne langue employait même, à l'instar du latin *silere,* le verbe *siler* qui signifiait : se taire. Aujourd'hui on trouve autour de lui un adjectif : silencieux, silencieuse ; un adverbe : silencieusement ; et un curieux nom venu aussi de l'antiquité romaine : silenciaire, mot qui désigne l'officier qui faisait observer le silence aux esclaves et, par extension, les religieux qui gardent un grand silence, tels les Trappistes et tous ceux qui se taisent longtemps.

Silence : le sens premier de ce mot, qui a pour particularité d'être le seul nom masculin se terminant en *ence,* se trouve dans l'état de se taire, de garder le mutisme. Autour de cette première signification, l'usage a inventé moultes variations. Le Littré n'en dénombre pas moins de treize groupes se divisant en multiples sous-groupes ; il définit d'abord l'état d'une personne qui s'abstient de parler. « La reine d'Angleterre disait que les princes devaient garder le même silence que les confesseurs et avoir la même discrétion », écrit Bossuet, qui en définissait trois sortes : le silence de zèle, qui devait être celui de la concentration sur une tâche, le silence de prudence dans les conversations et le silence de patience dans les contradictions. Pascal privilégiait, lui, le silence devant Dieu : « Il faut se tenir en silence autant qu'on peut et ne s'entretenir que de Dieu, qu'on sait être la vérité », écrit-il dans *les Pensées* tout en se contredisant quelques lignes plus loin : « Le silence est la plus grande persécution, jamais les saints ne se sont tus », ce qui est d'ailleurs faux.

Par analogie il s'utilise à propos du langage écrit : la discrétion des journaux sur tel ou tel fait, ou événement qui est passé sous silence. L'expression « le silence de la loi » s'emploie en parlant d'un cas que la législation n'a pas prévu. Le mot marque aussi l'interruption dans un échange de correspondance : pourquoi ce long silence ?

Il s'avère une excellente définition du secret, parfaitement illustrée par la formule : la loi du silence, et aussi de l'oubli : le silence a recouvert cette affaire.

Employé dans un sens figuré, il marque le calme, l'absence de bruit : une forêt silencieuse, marcher en silence... ainsi que l'absence d'agitation morale et intérieure : on impose le silence à ses sens, à ses passions, à son mental.

Puis nous arrivons à des notions plus techniques : interruption dans un bruit, pause dans la musique ; on y distingue sept silences : la pause, la demi-pause, le soupir, le demi-soupir, le quart, le huitième et le seizième de soupir... Dans la parole, le mot désigne les suspensions dans le discours (ou aposiopèse) ; dans l'écrit : les ellipses, et, en peinture, il définit un calme dans la composition d'un tableau. Enfin, il signale une interruption dans la transmission télégraphique.

Mais le mot silence est assez riche pour faire éclater le cadre de ces définitions : on le retrouve dans le vocabulaire de l'amour (aimer en...), de la douleur (souffrir en...) et des émotions diverses : un silence peut en effet être éloquent, obstiné, significatif, morne, mécontent, approbateur, boudeur, consterné, glacial, religieux, pudique, discret, imposé, confondu, haineux, joyeux, lourd, mortel, arrêtons là notre liste, elle peut être longue : il y a autant de silences que d'adjectifs et d'états psychologiques.

Employé comme marque de respect et de souvenir dans la minute de silence ; comme ordre, en exclamation : « Silence, on tourne ! », « Silence dans les rangs ! », comme panneau routier : « Hôpital, Silence » ; comme publicité : « Hôtel X..., Relais du silence »...

Utilisé par les hommes politiques qui se réfugient

dans son expectative comme par les mystiques pour qui il symbolise la communication absolue, ce terme, vrai mot-valise, se retrouve, partout, sans cesse, accommodé à toutes les sauces. On le déniche jusque dans les armes, le silencieux d'un revolver étouffera la déflagration, et dans les ondes hertziennes où la *zone de silence* définit un phénomène curieux qui se produit en particulier dans la propagation d'ondes à grande distance par leur réflexion sur les couches ionisées de la basse atmosphère.

Bien des expressions populaires s'y rapportent : mettre sa langue dans la poche, la tourner sept fois dans la bouche, couper la chique, clouer le bec, demeurer motus et bouche cousue, ne pas desserrer les dents, la fermer. On peut aussi museler, bâillonner, réduire, condamner quelqu'un au silence. Certains juke-boxes portent des disques de silence : il suffit de mettre un franc pour l'obtenir. Et puis, c'est un joli geste, l'index sur la bouche, employé depuis le plus jeune âge, et aussi un sentiment poétique : « Un soir, t'en souvient-il, nous voguions en silence... » (Lamartine.)

Il y a des espaces de silence, un mystère du silence, à conquérir.

Il y a, déchirant, le silence de la forêt coupée, celui aussi des différents objets qui nous entourent, celui de nos maisons et appartements, et, toujours riche de sens, celui de nos proches. Le silence de la maman qui tricote pour bébé, de la grand-mère qui coud, de l'enfant qui boude, celui des amoureux qui se tiennent par la main, se regardent, s'imbibent l'un de l'autre.

Il y a le silence du sportif en plein effort, celui des gars qui font leur jogging, qui courent après le ballon ou visent la cible à atteindre.

Il y a le silence de la maladie, que, seul dans son lit, on affronte; celui de la dépression, voire du suicide : le silence cafardeux, quand on rentre, seul et triste, chez soi. A S.O.S. Amitié, la plupart des appels émanent de personnes (deux femmes sur trois appels) qui craquent en fin d'après-midi, après la rupture du temps de travail, et après vingt-deux heures, quand la nuit commence vraiment : en 1985, ils ont été 573 000 à former en France ce numéro de survie, afin de rompre le carcan du silence-solitude... Les silences de la misère.

Il y a le silence du confessionnal, pour ceux qui le fréquentent, de la posture de méditation pour ceux qui la pratiquent, et du cercueil, pour tous. Gravé dans la pierre à l'entrée d'une vieille église : « Dieu tiendra compte de vos paroles inutiles. »

Le silence au théâtre, après les trois coups, au musée, avant et pendant un concert. Ceux, au cinéma, de Bergman, de Tarkovsky, d'autres... géants.

Le silence des monastères, des cloîtres, des moines, de tous ceux qui « pratiquent la science du retrait enchanté » (Michaux). Pendant un an l'apprenti franc-maçon est invité à méditer, écouter, se taire. Et les Rois mages s'inclinent sans paroles.

Il y a celui des lieux, dont Marie-Madeleine Davy nous dit que « les forces telluriques sont opérantes dans le silence, elles modifient les structures et les comportements. Un lieu sacralisé s'exprime. La pierre devient parlante, comme la forêt et ses clairières. L'eau murmure son message. Les lieux sacrés s'apparentent au langage des oiseaux [1] ». Tout endroit peut

---

1. In *Question de,* n⁰ 65 consacré à l'Esprit des Hauts-Lieux, éd. Albin Michel.

devenir un temple, saint des saints vibrant de secrets... et se déployant dans le non-dire. Lieu de
contact avec le fond abyssal de l'être.

Toutefois, ajoutons que toujours le vrai secret
recule, insaisissable.

Il y a le silence des animaux, celui, fabuleux, du
chat et de tous les félins, « sans phrases » (Valéry),
celui, touchant, des chiens. Celui des chasseurs à
l'affût, celui des pêcheurs qui méditent sur leur ligne.
Le silence des aveugles, des sourds, des muets : image
ovale dans l'écran de télévision où un homme parle
par signes à d'autres.

L'ancêtre du journal satirique *Hara Kiri* s'appelait
Le Petit Silence Illustré (*Psi*). Publié en 1955 par Jacques Sternberg, il eut sept numéros et fut le premier
fanzine, « la seule revue qui n'ait rien à dire ». Son
exergue : « Dis-moi ce que tu tais, je te dirai qui tu
es! »

Citons donc quelques proverbes de la sagesse populaire d'ici et d'ailleurs : En France on dit : Le silence
est d'or. En Allemagne : Tais-toi ou dis quelque chose
qui soit meilleur que le silence. En Israël : Savoir bien
se taire est plus difficile que de bien parler. En Italie :
Celui qui ne sait rien sait assez s'il sait demeurer
silencieux. En Roumanie : Même le silence est une
réponse. En Espagne : Entendre, voir et se taire, sinon
la vie tourne à l'amer. Au Danemark : Celui qui veut
économiser doit commencer par sa bouche. En Turquie : La bouche du sage est dans son cœur, le cœur
du fou est dans sa bouche. En Chine : Tel a parlé toute
sa vie qui n'a rien dit, tel de toute sa vie n'a point
parlé et pourtant n'est jamais resté sans rien dire. Et

enfin, au Japon, on dit que les mots qu'on n'a jamais prononcés sont les fleurs du silence.

Que de silences!

Il y a encore celui du sphinx, celui des parfums, odeurs et couleurs, celui de la cérémonie du thé, celui des nuits et des rêves, celui de chaque geste, celui des saisons et de leurs jours. Jacques-Henri Lartigue a raison : c'est aussi important que la respiration, le silence. Et, en tout cas, aussi essentiel que ie sommeil.

Écrivant ces lignes, l'aube se lève sur un paysage de neige.

Blanc, il éclaire la nuit d'une brillance unique, puis se teinte doucement des couleurs d'aurore. En me levant vers cinq heures, j'ai tout de suite senti un silence ouaté. Et, regardant par une fenêtre, ne fus pas surpris de la voir présente. La neige dégage en effet une ambiance à nulle autre pareille. Elle étouffe les sons. Elle se pose sur l'espace, l'envahit, le métamorphose. Elle est poésie pure, dans sa blancheur. Elle irradie le calme.

Neige.

C'est d'abord une image, un plaisir d'enfant. Une image de livre illustré, un conte d'hiver dans lequel il faisait bon se blottir. Chacun de nous doit avoir en lui un pareil souvenir, celui d'une maison au toit enneigé, vous savez ces toits lourds d'une telle épaisseur de neige qu'elle les encapuchonne avec les aiguilles de glace qui pendent de la gouttière cachée et les arbres autour, formes fantastiques habillées de blanc.

J'ai vécu durant mon enfance dix ans en Turquie, à Ankara, ville de haut plateau située à 1 000 mètres d'altitude. De décembre à février nous étions sous au moins un mètre de neige, jusqu'au dégel brutal et l'éclosion d'un printemps chaud. Mes premiers enchantements de neige datent de là-bas ; et grâce à l'importante colonie américaine qui s'y trouvait basée, les bonshommes de neige aux yeux de charbon, à la coiffe casserole, au nez en carotte se mêlèrent tout de suite au riche folklore de Walt Disney dont je devins, avec mes petits camarades U.S., un fervent lecteur. Nul mieux que lui n'a su magnifier la magie de la neige. Et les contes slaves de ma mère ajoutèrent à l'envoûtement que j'ai toujours ressenti face à cette poudre glacée. Pour moi Noël se lie aussi à l'anglo-saxon Christmas, et le merveilleux silence qui régnait sur la maison, le matin, avant d'aller chercher les cadeaux sous le grand sapin décoré de boules multico-lores et de vraies bougies, ô Tannenbaum, reste le plus beau du monde. C'est sûrement là, qu'enfant, je perçus le silence de façon intense, que je découvris son immensité et sa force. A l'aube des Noël.

Avec les grands froids, les loups venaient rôder près des habitations et le quartier résidentiel se situait sur une colline dominant la ville, et jouxtant la campagne. J'ai souvent entendu hurler des loups affamés, errant sur les étendues gelées. Mais la neige a une force d'inertie telle que le silence reprenait immédiatement sa place prépondérante. La neige favorise le silence, elle le porte entre les sons qu'elle met en valeur puis engloutit.

J'aime aussi la neige qui tombe. Elle est moins silencieuse que le paysage de neige car elle émet alors une sorte de bruissement, un feulement léger, on l'entend tomber presque sans l'entendre. Mais cet amas de ciel qui se déverse en flocons blancs isole du monde et de ses bruits.

La neige, c'est du silence blanc.

Nous passons quelques jours au ski. Plaisir de glisser dans la neige face aux abîmes des montagnes immaculées qui se dressent dans le ciel bleu vif. En descendant la pente, face à elles, à peu près seul sur la piste en cette saison creuse de mars, existe juste le son des lattes qui filent dans la poudreuse, chuintement qui ne fait que rehausser le silence grandiose de ces montagnes gelées. Seul un oiseau crie parfois dans l'azur qu'il traverse.

Un autre jour, je m'éloigne dans la nature en ski de fond, longue marche glissée, pénètre dans son silence blanc figé. M'assoit un peu plus tard sur un rocher au soleil et découvre, tout autour de lui, sur un espace creux de trois centimètres, la fonte qui commence, goutte à goutte. Sans bruit la neige redevient eau. Et dévoile une mousse. Verte.

Anamorphose.

Dans son recueil du San Sho Do Eï, le grand maître japonais Dogen calligraphia au XIIe siècle ce très beau poème, cet haïku :

La neige tombe sur les feuilles rousses
Le long mois d'automne
Qui peut exprimer cette scène avec des mots ?

Les seuils du bruit

> *Le silence n'a pas de contours comme l'espace n'a point de bornes car, comme l'espace, le silence est consubstantiel à tout.*
>
> Malcolm de Chazal, *Sens-plastique.*

L e silence est déchiré par le bruit.

Les sondages concordent : plus des deux tiers des Français placent le bruit au tout premier rang des nuisances qu'ils subissent ; c'est là l'agression majeure et les journaux tiennent rubrique régulière de faits divers ayant le bruit pour origine : Excédé par les clameurs des enfants qui jouent, il sort sa carabine et tire... Touché en pleine poitrine, un gamin de douze ans meurt... Exaspérés par les pleurs de leur bébé, ils l'étouffent, le dépècent et le donnent à manger à leur berger allemand... Ne pouvant dormir à cause du tintamarre effectué par les voisins du dessus, il prend un revolver et monte les menacer, deux morts... Les quelques exemples cités furent relevés dans une lecture de la presse.

On parle du bruit quand il mène de plus ou moins braves gens au crime, que dire du stress vécu quotidiennement par plus d'un Français sur deux sur leur lieu de travail, à leur domicile, dans la rue, stress constant qui érode les nerfs, fait vivre en état de tension et passe l'être à la moulinette ?

Jusqu'il y a peu, et deux ans durant, j'ai dormi lors de mes séjours à Paris, dans un appartement situé au cinquième étage, au-dessus d'un carrefour. Crissements de pneus, gémissements des freins, grincements des vitesses, vrombissements des démarrages et pétarades de tous les camions et véhicules divers s'arrêtant au feu rouge, rien ne m'était épargné. Petite accalmie entre une et cinq heures du matin permettant de profiter d'un rapide sommeil, puis, à nouveau abasourdi, il ne me restait plus qu'à me lever, continuer à travailler avant d'aller pratiquer la méditation au dojo zen vers sept heures. Et je me disais : mais ils sont des millions à vivre dans cette pollution sonore permanente, sans plus s'en rendre compte, l'habitude créant une forme d'inconscience, comment s'étonner alors des trognes tordues partout croisées, de ces visages défigurés par la hargne et la fatigue, empoisonnés par ce bruit, constant, et par l'air vicié.

Vivant au milieu d'arbres, lorsqu'on revient de la puanteur parisienne, le simple calme retrouvé, l'air pur respiré semblent divins.

Dans les villes, le bruit est tellement omniprésent qu'il devient partie intégrante de l'activité humaine, voire drogue, et je connais nombre de citadins qui sont devenus incapables de vivre sereinement au sein de la nature : il leur faut un fond de musique, du mouvement, des discussions animées, le relatif silence de la campagne les inquiète, leur fait carrément peur. J'ai même constaté des cas d'insomnie dus au manque de rumeur ambiante, ce qui tend à prouver que la circulation automobile peut servir de berceuse !

Maître Deshimaru [1] était toujours surpris par la

---

1. Maître zen dont j'ai suivi l'enseignement dix ans durant. Voir : *Le Rire du tigre,* éd. Albin Michel, qui raconte cette expérience.

facilité avec laquelle ses disciples parisiens s'adaptaient au bruit, « *so they are more foolish than others* », « c'est pourquoi ils sont plus fous que les autres », disait-il en riant. Et il avait veillé à ce que son dojo parisien se trouve dans une arrière-cour, temple du silence.

Et si ce silence n'était qu'un leurre ?

En effet, l'oreille humaine ne perçoit que certaines vibrations acoustiques : infrasons et ultrasons, qui ont des fréquences trop basses ou trop élevées, nous échappent complètement car ils n'excitent pas les récepteurs de l'oreille, sensibles seulement aux vibrations de molécules d'air dont la fréquence est limitée à une gamme large se situant entre 20 et 16 000 cycles par seconde. En dessous et au-dessus, nous ne ressentons aucune sensation auditive : *donc, tout un univers sonore est là, que nous n'entendons pas.*

Mais ne regrettons rien, la gamme des bruits est actuellement bien assez vaste : il paraît que plus les besoins énergétiques de notre société augmentent, plus les niveaux sonores s'élèvent. On pourrait pourtant essayer d'inverser ce processus et développer une riche industrie, très humaniste celle-là, s'appliquant à lutter contre le bruit et ses traumatismes.

Signe de notre temps : la surdité, ou déficit auditif permanent, peut être reconnue comme maladie professionnelle par la législation. Et, selon le secrétariat de l'Environnement, 11 % des accidents professionnels, 15 % des arrêts de travail et 20 % des internements sont dus aux perturbations sonores. Du fait de ces chiffres alarmants, de nombreux effets pervers qui résultent de la stimulation excessive du système auditif sont à l'étude; ils concernent trois parties différentes du système nerveux [1] :« *le système nerveux autonome* qui contrôle les réponses et le niveau d'activité des organes internes tels que glandes, viscères, cœur, vaisseaux sanguins par l'intermédiaire desquels naissent les effets dits somatiques du bruit; *le système nerveux réticulaire* impliqué dans le niveau d'éveil des centres supérieurs du cerveau ainsi que dans les qualités douloureuses ou agréables des informations d'origine sensorielle; *les centres supérieurs corticaux et infracorticaux* du cerveau où siègent les mécanismes d'activités plus élaborées : activités conscientes et cognitives qui interviennent dans la réalisation de tâches mentales ou motrices ».

Des troubles somatiques divers découlent en effet des nuisances sonores, troubles qui touchent aussi bien la muqueuse gastro-intestinale par des ulcères divers, que la circulation sanguine, le système cardiaque et les sécrétions glandulaires, le tout accompagné de troubles psychiques multiples qui, du déplaisir à l'angoisse, s'avèrent aptes à développer l'irritabilité, l'agressivité, l'anxiété, puis générer de graves désordres pathologiques. Et l'on a découvert que même les infrasons et les ultrasons émis par des moteurs peuvent causer des malaises, maux de tête et sensations bizarres : oreilles « pleines », bourdonnements, sensations de doigts morts...

Nous sommes bien cernés par un univers sonore menaçant qui peut rendre schizophrénique ou paranoïaque... sinon assassin.

Certes, « la gêne du bruit semble dépendre de l'état

1. Voir *Le Bruit*, aux éd. Que sais-je?

psychologique et de l'excitabilité du système nerveux de l'organisme qui le reçoit » (Dr Poggi), et les décompensations dues à l'agression sonore sont favorisées par la prise de calmants, de barbituriques et par l'alcool, mais cela n'excuse ni la surcharge en décibels ni la mauvaise isolation phonique des habitats.

Inutile de s'étendre sur les échelles des décibels, les fréquences, les résonances, les niveaux d'isosonie et de sonie, les caractères audiométriques, les audiogrammes et les analyses sinuosidales, nous entrerions dans un monde complexe de chiffres et de courbes qui n'a pas sa place ici. Signalons simplement que le seuil d'audition à 0 Db (décibel) signifie l'intensité sonore la plus petite perçue par l'oreille. La nuit, à la campagne, le seuil du silence serait à 20 Db. Un réfrigérateur nous porte à 40 Db, et les téléphones, aspirateurs, aboiements sont des sons se situant entre 65 et 70 Db. Avions, avertisseurs, marteaux-piqueurs atteignent des seuils de 110 à 120 Db. A 130 Db, le seuil au-delà duquel la douleur dans l'audition peut intervenir se trouve dépassé.

La pression acoustique exercée par notre civilisation sur nos organismes est réelle et préoccupante. Elle laisse peu de place au silence, cette absence de bruits, de sons perceptibles, état idéal qui n'existe que dans la chambre spéciale prévue à cet effet au Musée des sciences et technologies de la Villette : et encore, car on entend alors bruire avec force le sang dans nos oreilles !

Le vrai problème réside dans le fait qu'on trouve de moins en moins d'intervalles entre les vibrations sonores, espaces qui seuls permettent au système auditif et psychosomatique de retrouver son seuil d'équilibre. Des ingénieurs scandinaves disent mettre au point un bruit antibruit, créateur de plages de silence dans l'océan des sons. Cela revient à lutter par le mal contre le mal. Mais la volonté de passer d'une civilisation du bruit à une civilisation privilégiant le silence prouverait que l'être humain sait poursuivre son évolution en adaptant sa technologie à ses besoins vitaux : voilà une utopie réalisable, un rêve porteur de sens.

Tronçonneuses, tondeuses et perforatrices à laser, machines diverses, motos et voitures relativement silencieuses, ce sont là, à l'ère des ordinateurs, de vraies possibilités de l'avenir. Mais tout progrès génère une nouvelle nuisance : il paraîtrait ainsi que la croissance des myopies et troubles oculaires suit celle de la multiplication des écrans divers : ce qui paraît logique et signifie qu'aujourd'hui l'organisme humain, qui n'est pas infiniment adaptable, est en train de devenir quelque peu sourd et aveugle ! Si l'on n'inverse pas, en tous cas, ce processus cybernétique de *runaway vers l'infini* des niveaux sonores, nous assisterons à l'accroissement d'une surdité endémique et le problème du silence sera définitivement réglé...

Il y a 2 400 ans, dans son traité *Des airs, des eaux et des lieux,* le sage Hippocrate, père de notre médecine préconisait déjà à ceux qui désirent perfectionner l'art de guérir, de toujours veiller aux diverses causes extérieures qui agissent sur l'être vivant, parallèlement aux tendances et déterminations de la constitution propre à chacun...

Les grandes vérités sont simples à énoncer, mais de plus en plus difficiles à appliquer ; avec toutes les conséquences négatives qui en découlent, notre « niche environnementale » (Laborit) baigne aujourd'hui, et de plus en plus, dans le bruit. Il faudrait décider d'un changement de cap qui métamorphoserait notre civilisation, affinerait les esprits, privilégierait la santé, un monde où le respect pour autrui prédominerait et où les engins divers se propulseraient et fonctionneraient dans un doux chuintement... Mais *Le Meilleur des mondes* d'Aldous Huxley ne décrit-il pas une telle civilisation ? Pneumatique...

Paradoxalement, en ce printemps 1986, dans une revue professionnelle, *Panorama du médecin,* le docteur Mases-Foussier révèle que l'oreille elle-même est productrice de sons ! Il indique qu'au cours du récent colloque national des neurosciences organisé à Bordeaux par l'I.N.S.E.R.M. et le C.N.R.S., on a fait état de récentes découvertes sur l'oreille interne qui peuvent déboucher sur une meilleure compréhension de la production d'acouphènes : à partir de mesures effectuées avec un microphone miniaturisé introduit dans le conduit auditif externe à proximité immédiate du tympan, il a été possible de détecter des sons qui provenaient de l'oreille elle-même !

Il existe à l'intérieur de l'oreille, organe de l'audition mais aussi centre de l'équilibre, un ensemble de mécanismes actifs engendrant ses propres vibrations internes, ce qui permet de dire que l'oreille peut produire des sons : lorsque les cils des cellules sensorielles sont touchés par l'onde sonore, celles-ci se contractent sous l'action des protéines contractiles et engendrent elles-mêmes une vibration sonore. Nouvelles acquisitions sur le plan de la recherche fondamentale qui vont permettre de mieux comprendre les bourdonnements et sifflements d'oreille, autres parasites qui nous empêchent de jouir du silence parfait.

Le neuromagnétisme a par ailleurs ouvert des horizons dans l'étude de l'organisation neurocorticale de l'audition : en effet, le mouvement des molécules biologiques ionisées entraîne des variations de champs magnétiques ; on peut les capter même lorsqu'elles sont très faibles et avoir ainsi une image du cerveau en activité. Sur le plan pédiatrique, ces dernières années on a mis en évidence des périodes critiques pour les nourrissons : hyperfragilité de l'oreille au bruit, aux agents toxiques, du quatrième mois de la grossesse au cinquième mois après la naissance. Ce sont là des facteurs importants pour la prévention des surdités.

Donc si l'oreille elle-même et le cerveau créent des ondes s'apparentant au bruit, si le fœtus vit dans un univers sonore et perçoit certains sons, on peut supputer que même les gènes, constituants essentiels du matériel cellulaire qui forme notre patrimoine génétique, et dont la plupart (les oncogènes par exemple) se sont maintenus au cours de la phylogénie des espèces depuis près d'un milliard d'années, certains étant présents dans les formes de vie les plus primitives, ces gènes font du bruit dans la mesure où ils émettent des données.

Le silence est une notion abstraite. C'est un terme qui indique essentiellement que l'on ne prononce pas de paroles, voire que l'on se trouve dans un environnement où règne une absence relative de bruits perceptibles par la conscience. On peut le définir aussi comme une attitude intérieure propre à la conscience : l'acte de faire silence, ou en silence, touche comportement et psyché de diverses manières.

Les signes de la communication

*Rien ne rehausse l'autorité
mieux que le silence,
splendeur des forts et refuge des faibles.*

Charles de Gaulle, *Le Fil de l'épée.*

Tout corps social vit ses échanges sur un ensemble de signes et de bruits qui forme un véritable code de la communication entre les êtres : bonjour, au revoir, excusez-moi, merci, de rien, après vous, je vous en prie, à bientôt... sont des expressions types qui basent le code du langage, permettant d'indiquer brièvement la neutralité bienveillante de l'individu envers ses congénères de rencontre.

En fait, nos rapports sont organisés suivant des cérémonials précis, qui varient suivant les ethnies et les statuts : chaque être est tenu de jouer un rôle, son rôle, dans le grand théâtre de la vie quotidienne et Jean-Paul Sartre, dans *La Nausée,* a très bien montré comment le garçon de café doit tenir son rôle à la perfection aussi bien à ses propres yeux qu'à ceux des autres, pour paraître et devenir un vrai garçon de café. Ce jeu de masques et de parades se retrouve sur la scène de tous les lieux de travail, où chacun tient compte, même imperceptiblement, de son rang hiérarchique, de son utilité manuelle ou intellectuelle, de la vision que les autres devraient avoir de lui ou d'elle, de la place à tenir et préserver contre toute intrusion non programmée. La vie des bureaux par exemple est un vrai cirque où la représentation est reine et où des rituels, des cérémonials aussi précis que ceux de l'étiquette qui régnait à la cour du Roi-Soleil, régissent les rapports entre les êtres, rapports pyramidaux que le chef, le P.D.G., couronne de façon absolue. Et que celui-ci soit sympa et décontracté ne change rien à l'affaire, c'est lui le *ruler*, le maître de la règle.

Ce monde codé dans lequel nous vivons est fait de sons, paroles et borborygmes divers, de gestes expressifs et de silences pleins de sens. La psycholinguistique du langage est une science avancée mais celle du silence restait à faire, tâche à laquelle se sont attaqués depuis quelques années des chercheurs américains et japonais.

Analysons, avec Erving Goffman[1], sociologue de l'université de Berkeley, le comportement d'un piéton en marche dans la rue :

1. Il balaye du regard une surface en avant de lui en forme d'ovale allongé, dont la dimension varie selon l'intensité de la circulation et à l'intérieur duquel est repéré un second petit ovale qui est celui de la surface où poser les pieds sans danger.

2. Ayant délimité les obstacles, fixes ou mouvants, et les piétons immobiles ou en mouvement qui se trouvent dans son champ visuel, il s'oriente, d'après leur vitesse et leur direction comme d'après les siennes propres, afin de pouvoir les éviter et continuer sa marche, vrai radar ambulant, vers le but qu'il s'est donné.

3. Il se préoccupe sans cesse de rendre ses inten-

1. Auteur de *La Mise en scène de la vie quotidienne*, éd. de Minuit.

tions visibles et compréhensibles par tous, piétons et conducteurs de véhicules. En effet, et c'est là le point important, un piéton en marche ne cesse de capter en silence des messages et d'en émettre lui-même, grâce à quoi les différents courants d'une foule, même dense, peuvent se croiser sans dommage.

En traversant un carrefour, comme sur le trottoir, des signaux silencieux sont, instant après instant, échangés entre les êtres afin de permettre une circulation fluide : seul le heurt accidentel ou un passage trop étroit pour permettre le croisement sans frôlement ou sans attente amène une réaction parlée, de type poli : pardon ; ou de type impoli : vous ne pouvez pas faire attention ; ou avec impatience : allez ! passez...

Le contact du corps à corps n'est accepté, avec des inconnus, que dans les espaces en forme de boîte : grands magasins, autobus, métros, trains ; espaces qui, aux heures de pointe, voient leur densité de population friser l'entassement pur et simple. Alors on supporte, toujours en silence, à moins d'être engagé dans une conversation, cette promiscuité moite où chacun continue à tenir l'apparence de son rôle en restant plongé dans ses pensées et affairements. Regard dans le vague, respiration réduite, corps rétracté, on survit d'un lieu à l'autre. Ainsi, le silence d'un ascenseur bondé est-il une chose d'une intensité incroyable, chacun d'entre nous a pu le remarquer.

Le masque tombe, n'est lâché que dans les régions protectrices : cafés, restaurants, maisons, lieux familiers et familiaux, si l'on ne s'y trouve pas engagé dans une nouvelle représentation, un nouveau rôle à tenir. Auquel cas, on change de masque, ou endosse celui de la convivialité amicale, ou celui du parent ou de l'époux... qui a tel ou tel message à faire passer, ou tel droit à défendre.

L'un de ces droits majeurs est évidemment l'espace personnel, qui peut être fixe : le fauteuil, la chambre, la voiture... ou situationnel et variable suivant les lieux publics : au cinéma comme au restaurant, la tendance innée est de n'avoir personne, d'étranger ou hors norme, à côté de soi ; mais l'on est bien obligé de supporter, en silence, la présence d'autrui en espérant que celle-ci ne se montrera pas trop dérangeante. Agression et offense territoriales sont en fait permanentes. On nous les inflige comme nous les infligeons, à l'aide de gestes rituels (on montre de la main la place voisine qu'on souhaiterait occuper) et d'échanges confirmatifs (vous permettez ? faites donc...), formules usuelles qui permettent à la relation de s'établir sans dégénérer, vrais « droits à l'accès » de l'espace entourant l'autre.

Le silence intervient à nouveau, entre des inconnus, dans la façon de jauger autrui. Car *X* et *Y* portent des vêtements, prennent des attitudes, se parent de manières qui témoignent d'un rôle, d'une image, que l'individu veut donner de lui ou d'elle-même. Mais *X* ne voit pas *Y* comme il voudrait être vu, et *vice versa*. Nos apparences sont rarement traduites comme nous voudrions qu'elles le soient. « Je ne sais pas qui je suis... Seuls les autres, à la rigueur, peuvent avoir une idée de moi » (R. Barthes). Gestes et attitudes, dans leurs détails, suffisent le plus souvent à décrypter, en effet, le véritable jeu de l'individu.

Il est d'ailleurs frappant de constater la prise de conscience actuelle de cet état de fait, qui se traduit par la mode des « jeux de rôles », où l'on endosse divers masques et activités sans aucun rapport avec ceux occupés durant la vie courante. Cela permet de jouer en société à être autre, à se croire autre.

Chaque individu, par une série d'expressions corporelles qui le type, est donc « occupé à prendre constamment soin de conserver une position viable par rapport à ce qui se trouve autour de lui, et à tout moment il peut commencer des échanges gestuels avec des personnes, connues ou inconnues, afin d'établir cette position [1] ». Nous vivons dans un monde incessant de régions et frontières invisibles que nous captons grâce au comportement d'autrui et auquel nous répondons sans cesse, avec ou sans paroles, de façon à pouvoir fonctionner dans notre dynamique propre et, surtout, afin de ne pas « perdre la face » dans notre rôle, dans l'impression qu'on veut donner de soi. Qu'on attende de l'autre un service, monnayé ou pas, le respect de notre espace personnel ou la reconnaissance de notre fonction, nos silences et expressions faciales et gestuelles en disent autant, sinon plus, que nos interventions parlées. Il se dégage en effet de chaque être une « atmosphère », d'aucuns diraient une « vibration », que l'on peut habiller et maquiller mais qui diffère suivant l'humeur et les événements et permet de ressentir, intimement et si l'on y prête attention, l'état, j'ai envie de dire l'onde, de la personne que l'on regarde.

Le problème reste bien sûr que l'on n'est jamais vraiment conscient de notre propre image, celle que l'on veut envoyer, celle qui est reçue. Tout le code de comportement de ce que l'on dit être une bonne éduca-

1. *Op. cit.*

tion s'enracine dans cette science des reflets qu'est la vie en société et le maintien silencieux s'y avère plus important, au premier abord, que le discours. Cela explique aussi le succès des fictions romanesques où c'est non seulement l'histoire divertissante et dramatiquement prenante qui intéresse le lecteur, mais aussi la quantité de descriptions psychologiques et comportementales dont la diversité enseigne, au sens propre, et bien plus que les dialogues bruts échangés entre les protagonistes.

C'est le double regard qui importe : celui qu'on jette (comme un filet) sur autrui, celui qu'on porte (comme une charge) sur soi-même. Si le regard sur l'autre s'avère souvent féroce et en tout cas sans aménité, celui sur soi-même doit l'être aussi, car il est essentiel pour l'évolution de notre caractère de nous rendre compte du jeu de parade auquel notre moi égocentrique se livre sans cesse. Si le « paraître » empiète sur l'être, notre personnalité vraie en souffre et la fausseté de ce jeu du *je* se révèle aux autres en pleine lumière. Nous ne pouvons nous dissimuler longtemps derrière des apparences : les formes non verbales de communication manifesteront, à notre insu, l'état désaxé dans lequel nous nous situons. Nos gestes et silences trahissent notre jeu. A nous de savoir très bien jouer, auquel cas se pose un autre problème : quand on se retrouve seul, que reste-t-il ?

Comme M. Jourdain fait de la prose sans le savoir, nous vivons dans une suite de conversations silencieuses, sans en avoir tout à fait conscience. Nous télépathons sans cesse. C'est très apparent lors d'un rapport téléphonique qui, suivant la personne avec laquelle on parle, se trouve émaillé de silences plus ou moins longs, qui ne sont pas faits que d'écoute mais de phrases suspendues, de pauses, d'hésitations..., de non-dits riches d'une immense variété de sens.

Dans ce moment de communication verbale sans signaux visuels, la dimension prosodique du silence se découvre en plein : il existe une véritable prononciation dans la durée et l'intensité des silences qui rythment les sons phoniquement. La mélodie du discours se trouve autant dans ces mots que dans ces silences qui peuvent être d'abord d'interaction rituelle puis, questionnants, prometteurs, menaçants, insultants, affectueux, dubitatifs, du domaine de l'ordre ou de la requête, négatifs ou positifs, chauds ou froids suivant une multiplicité de degrés qui dépendent du ton de la voix qui émet et les sons et leur éclipse.

La notion de son opposée à celle de silence doit d'ailleurs être considérée comme un concept relatif : ces deux termes s'osmosent en fait au flux de la vie et aux circonstances, indissociables.

Il n'est possible de donner un sens aux différentes situations, intensités, durées et fréquences des silences que dans leur interdépendance avec le langage, la personnalité et la situation vécue. Dans le cas d'une conversation avec contact visuel, la place des expressions et gestes prédomine. Hochements de tête, moues diverses, froncements des sourcils, sourires, grimaces, intensité variable du regard, attentif, amical ou hostile, absent..., plissements du front, rythme de la respiration, mouvements des épaules, des mains, des doigts, agitation des pieds et dandinements sont autant de pantomimes qui nous renseignent sur les émotions et réactions de notre interlocuteur. Et ces mimiques, qui disent parfois l'envers du discours, dressent en tout cas une carte précise du déroulement de la conversation.

Quand on parle, on peut ainsi écouter le silence de l'autre. Même si celui-ci bouge peu, certains frémissements des narines, des lueurs dans le regard, la façon de souffler la fumée s'il fume, ou de se servir de ses doigts, la densité de son mutisme restent éloquents. Lors d'une conversation, on agit vraiment dans le silence de l'autre, qu'on modèle. A moins qu'il ne pense à autre chose, ce qui est fréquent...

Existent aussi nos propres silences, au sein même de notre discours. Parmi les scientifiques américains qui essayent de dresser une typologie du silence, Th. J. Bruneau [1] est le premier à le lier aux processus cérébraux, ouvrant ainsi de nouvelles voies pour la recherche : « Nous admettons ici qu'il existe deux formes de silences psycholinguistiques utilisés pour le décodage du langage : le silence de faible durée, dit " silence rapide ", et le silence de longue durée, dit " silence lent ".

« Le premier est ce silence mental imposé, étroitement associé au déroulement horizontal du langage dans le temps. Les silences rapides varient en temps mental mais ont une intensité et une durée relativement faibles ; leur fréquence, par contre, est plutôt élevée. Leur durée est généralement inférieure à deux secondes. Ces silences rapides semblent liés aux hésitations syntaxiques et grammaticales de très courte durée ou aux ralentissements qui accompagnent le

1. Voir le *Journal of Communication*, vol. 23, 1973, repris par la revue *Communications et Langages*, éd. Retz.

décodage du discours. Les silences du " décodeur " (au niveau de la réception) seraient des processus automatiques de signalisation. Selon Goldman-Eisler, certaines hésitations de l' " encodeur " (au niveau de l'émission) peuvent être en relation directe avec le type de réponses attendues et avec un blocage " réticulaire ". Il semble que la plupart des silences rapides imposés par le décodeur aux messages de l'encodeur soient fonction : soit de l'accoutumance aux réponses ; soit au blocage cérébral.

« Le *silence lent* est ce silence mental obligatoire étroitement associé aux processus sémantiques (et métaphoriques) du décodage du langage. Ces silences sont plus des symboles que des signaux. On pense que les silences lents sont liés à des mouvements d'organisation, de catégorification et de spatialisation à travers les niveaux d'expérience et les niveaux de mémoire. Selon les hypothèses les plus probantes, la profondeur des expériences, la complexité du stockage des souvenirs et le rappel de ces souvenirs seraient liés, à la fois, à l'intensité et à la durée du silence lent. La mémoire n'est pas uniquement considérée comme un magasin de mots et d'objets qui, après avoir été verbalisés, ont été fixés et " engrammés " ; elle est également envisagée en fonction des trajets propres qui s'effectuent à travers des niveaux verticaux de l'espace mental. En d'autres termes, le silence lent permettrait le déroulement de ce mouvement vertical dans l'espace mental. Mais, souvent, ce mouvement n'est pas uniquement vertical ; un trajet horizontal ou une boucle horizontale peuvent se produire à divers étages durant cette phase.

« Ce processus, engendrant le silence lent tel que

nous venons de l'évoquer, semble être une fonction volontaire qui diffère d'individu à individu. Chaque décodeur semble capable de régler personnellement l'intensité, la durée et la fréquence des silences lents qu'il accepte au niveau de la réception. »

Certains silences lents imposés à un interlocuteur lui semblent incompatibles avec son propre système de pensées et de valeurs, voire tout simplement ses dispositions naturelles. Le contact alors se mue en énervement, agacement. On a envie de parler sur ses silences, de les couper à travers ce qui nous semble être des manques, des trous, des failles dans le raisonnement. Il y a phénomène de rejet du silence comme de la parole. Parfois, au contraire, certains silences longs dans une conversation sont très bien perçus, le courant passe. Ils se traduisent en termes de communication dynamique car ils correspondent aux exigences du temps mental de chacun des partenaires.

Bruneau parle aussi de silences « interactifs », qui sont des pauses dans une conversation, une discussion, un débat : « Il semble que les silences interactifs entre individus soient très diversifiés. Ils dépendent étroitement de la nature du processus d'échange du message et, plus particulièrement, des situations et des circonstances dans lesquelles se déroule la communication. Pendant ces silences interactifs, ont lieu un grand nombre de décisions concernant l'affectivité et la connaissance ainsi que des déductions et jugements. Les silences interactifs semblent donc les plus favorables aux relations entre personnes. La forme la plus élémentaire de décision prise pendant un silence interactif est la question de savoir qui prendra la responsabilité de parler. Pendant ce silence particulier, un grand nombre de décisions peuvent intervenir : entre autres, des décisions sur la façon de commencer et de terminer la chaîne parlée ; l'assurance pour l'émetteur que sa pensée ou sa parole ont abouti, et l'acquiescement du récepteur ; la remise en question par tous les participants (y compris celui qui vient de parler) du précédent discours ; des décisions visant à clarifier ou à juger des messages passés et actuels des divers participants ; des intrigues non verbalisées en vue d'obtenir la parole.

« La plupart de ces décisions semblent des démarches des participants pour éviter que les silences interactifs ne deviennent trop longs. Dès que le silence se prolonge, il semble que les rapports inter-personnels se tendent, deviennent incertains, soient menacés et même, se détériorent peut-être de façon irréparable, dans le cas d'une relation d'affaires, par exemple... »

Dans la vie quotidienne on s'arrange pour que le silence ne dure pas trop longtemps : d'où toutes ces discussions oiseuses sur le temps qu'il fait ou va faire, quand l'on a rien d'autre à dire. Les chauffeurs de taxi m'ont souvent raconté que rares étaient leurs clients qui ne commençaient pas un essai de dialogue par : il fait beau, quel sale temps, etc. Nous pouvons vivre ce processus-là chaque jour, dans bien des situations.

Les avocats américains conseillent aux témoins et à leurs clients de bien réfléchir avant d'énoncer leur déposition, mais sans trop d'hésitations qui pour-raient faire croire que l'on cherche à cacher quelque chose. Un temps de silence de cinq secondes est ainsi considéré comme un maximum utile à ne pas dépasser pour ne pas influencer jurés et juges, en mal.

Le droit à la parole se double aussi évidemment du droit au silence, que bien des accusés ne se privent pas d'employer. Mieux vaut en effet souvent se taire plutôt que de parler de travers. Silence qui est d'ailleurs perçu par la justice plus comme dissimulation ou mépris que comme vraie révolte contre l'iniquité de la société.

Dans les échanges sociaux le silence est à la fois lieu d'observation et lieu de repli stratégique.

C'est comme lors d'une partie de cartes, l'on choisit dans le silence de révéler son jeu, donc de passer à l'attaque, ou de le dissimuler en attendant une opportunité meilleure. Tout ce processus s'avère évident lors d'une réunion de travail à plusieurs. Il y a ceux qui la mènent, les divers intervenants qui prévoient le moment de jouer leur partie et se préparent à prendre la parole en sautant dans la mêlée au moment opportun. Il y a aussi ceux qui s'ennuient et attendent que l'heure tourne : leur mutisme détaché est clairement perçu, et celui qui dirige la séance n'hésitera pas à les agresser, à les tancer par surprise, à les prendre en défaut à l'aide de remarques acerbes suivies de silences assassins,

Le contrôle du silence, sa mainmise, permet « de choisir l'ordre de priorité de toute action » (Kahn).

Tous les psychologues sont d'accord pour admettre que les décisions sont vraiment prises dans les moments de silence lents qui donnent de plus, à chaque participant, une chance de tirer des conclusions personnelles sur ce qui se passe ou d'émettre des jugements sur les différents messages émis, et sur la signification des silences gardés : en effet, motivations et personnalités s'y trahissent tant soit peu.

Si les temps de silences durent trop, « un ange passe » et toute l'atmosphère se détériore au-delà d'un certain seuil, variable avec le degré d'intimité des participants à une discussion.

Qu'il soit agressif, défensif, méprisant, figé, ennuyé, mal à l'aise ou accueillant, qu'il marque une divergence ou une convergence, qu'il se pose comme ouvert ou fermé, le silence est un bastion individuel, « position de force virtuellement inviolable par rapport au fardeau de la parole » (Sontag).

Certains silences se montrent plus conflictuels qu'un échange d'injures, lorsque deux connaissances s'ignorent à la suite d'un différent quelconque par exemple. Des mutismes peuvent être haineux, chargés d'une violence potentielle fantastique. *A contrario,* une grande chaleur humaine et la complicité peuvent se dégager de silences entendus, bien compris. Donc, certains silences rient; d'autres crient ou se plaignent, quémandent ou exigent.

Mais c'est son « ambiguïté » qui fait craindre le plus le silence, car il remet toujours en question la relation interpersonnelle.

Dans les rapports entre subordonnés et autorités, les silences tiennent une place majeure. Ceux, respectueux, de l'employé répondent à ceux, autoritaires et sans appel, du patron qui garde par ailleurs l'initiative de la parole et de la décision. L'autorité, qu'elle soit policière, administrative, médicale ou professionnelle, exerce toujours un contrôle actif sur ce silence, qui laisse le quidam quémandeur dans une expectative douloureusement ressentie et le met en position d'infériorité : stratégie perverse et efficace.

J'ai vu fonctionner de grands patrons de la presse et

de l'édition, des industriels surdoués et des commer-
çants grandioses, des médecins et des sages remarqua-
bles. Chez tous j'ai remarqué des zones de silence
d'une étendue parfois surprenante. Tous savent fort
bien parler mais préfèrent se taire, écouter, décider.
Leur mutisme va jusque dans leur vie privée, à travers
laquelle ils passent, blocs impavides, hiératiques, ils
la gèrent comme leurs affaires et leur portefeuille de
clients et associés. Ils ont de l'esprit, une conversation
plus que brillante, profonde, leur culture est vaste,
leurs centres d'intérêts multiples, leur regard sur le
monde lucide, ce sont des meneurs d'hommes, ils diri
gent leurs actions d'une forteresse de silence. Ce qui
ne les empêche ni d'aimer, ni d'éclater de rire, ni de
festoyer, ni d'évoluer intérieurement. Ils savent vraiment ce que signifie l'expression populaire : le silence
est d'or. Ils ont appris à utiliser le silence comme outil
de transaction, qui peut servir aussi bien pour inviter
les autres à parler que pour encourager la réflexion
préalable et surtout pour peser tranquillement, durant
tout débat, le pour et le contre de situations et propo
sitions. Ils l'utilisent aussi pour tester attitudes et discours de leurs éventuels collaborateurs, en les laissant se dévoiler, voire s'enfoncer dans leur mutisme
habile.

Le silence permet de garder le contrôle, d'avoir toujours une méditation d'avance, d'être un pas plus loin
que le discours et ses thèses. Il est spécifiquement de
l'ordre de la synthèse.

Tous les conférenciers et universitaires chevronnés
savent qu'un discours (quelle que soit sa lenteur ou
rapidité) ponctué de silences porteurs à la fin de certaines phrases fera mieux passer le message ou ensei-

gnement. Il faut laisser le temps à l'esprit de l'autre d'emmagasiner l'information reçue. Mais ces silences se doivent d'être brefs afin de ne pas distraire l'attention, afin qu'elle ne plonge pas dans un gouffre d'absence. Ils savent aussi écouter le silence de leur salle afin de s'adresser aux zones qui s'endorment, afin de parler, en les regardant, aux élèves et assistants dont l'attention s'émousse. Un bon orateur joue avec le silence de son auditoire.

« Moins on parle plus les mots deviennent presque tangibles ; plus on sent la présence physique, dans un espace donné, de celui qui parle », dit le professeur Bruneau qui prétend par ailleurs que le rire pourrait avoir pour fonction d'empêcher le silence, ce qui est, par contre, douteux. Car les moyens ne manquent pas de rompre le silence : différentes sortes de rires certes, d'exclamations, et, surtout, l'immense richesse de l'expression orale.

Il n'en demeure pas moins que le silence, s'il sert de protection dans les jeux de pouvoir, peut protéger aussi le chagrin, la culpabilité, la déception, la gêne, la faiblesse, le bonheur, la surprise, tous les états émotionnels plus ou moins intenses qui nous habitent, toutes nos réactions cachées, tous nos fantasmes et délires les plus secrets.

Le silence, c'est l'envers de la façade, l'envers du masque, la face cachée de la personne. Le tremplin du mot.

Le langage des yeux

Les autres font ce qu'ils veulent de tes mots tandis que tes silences les affolent.

Frédéric Dard alias San Antonio,
Maman les petits bateaux.

Langage des passions, le silence? Oui.

Pour bien goûter un spectacle, un mets, une boisson, une peau, il faut savourer silencieusement, recueilli sur l'acte. Les déclarations d'amour sont entourées d'ondes de silence, où toutes antennes dehors, les amoureux baignent dans la même félicité avant même que les caresses ne se concrétisent plus avant. Toute adoration est, d'abord, silence. La parole est demande, louange, chant... mais la fusion elle-même est impression, implosion, déferlement intérieur, qui se montre seulement ensuite perceptible à l'extérieur par l'expression qu'on en donne. Le coup de foudre (comme la cristallisation chère à Stendhal) se passe en silence, yeux extasiés.

Un lieu commun dit que les femmes sont bavardes. Elles connaissent alors autant la valeur du silence que la joie de la parole.

Dans une relation avec un homme elles se taisent souvent au début beaucoup plus que lui, car elles écoutent attentivement son dit, afin de percevoir clairement de quoi s'enrobe son désir principal. Elles y puisent indication des goûts, de la sensibilité, de l'intelligence et des grandes tendances particulières à celui qui leur fait la cour. Elles se laissent charmer, ou pas, et développent leur stratégie en fonction de tout ce flot de paroles destiné à les impressionner favorablement. Leur comportement se base sur les informations recueillies par leur silence, qui forme de plus une muraille impénétrable, leur laissant libre choix de l'acquiescement ou du refus. Elles montrent ainsi que leur amour est un labyrinthe et que ne s'y engage pas qui veut. Il s'agit pour le chevalier servant d'aller les trouver, loin derrière les apparences, dans les zones secrètes de leur cœur. Et le retour actuel de la chasteté ne va faire que magnifier cette prédisposition innée au mystère.

L'inclination d'une femme se lit dans sa propension au silence. Elle est souvent surprise d'ailleurs que son amant ne la comprenne pas à demi-mot. Il lui faut souvent expliquer des choses qui lui semblent aller de source, ce qui a le don de l'agacer. Dilemme millénaire que celui de communiquer à autrui ses intuitions profondes de femme, et ce processus d'initiation mutuelle qu'elle pressent et qu'il est si difficile de bâtir harmonieusement. Dans une relation amoureuse, elle n'aime rien tant que les moments où son alter ego sait arrêter toute agitation pour se poser avec elle dans le calme, dans une communication d'esprit et une entente si simple, lorsqu'elle est parfaite. Elle sait souvent lire son amant à livre ouvert, entrer en lui comme dans une pièce vide, être chez elle, le connaître bien mieux qu'il ne se connaît lui-même. En silence elle scrute les moindres détails qui révéleront des choses de lui, elle sait se lover dans son amour comme dans un vêtement confortable, et deviner beaucoup de lui.

Un homme, par contre, sera beaucoup moins attentif, beaucoup plus disert, nombriliste et agité, il la remarque moins dans ses changements et incarnations ou, s'il le fait, il crée un plaisir rare. Une femme a besoin d'être regardée, choyée, entourée d'affection et d'attentions et ce quel que soit son âge. Elle le rendra d'ailleurs au centuple. Mais pour la voir, il faut savoir la regarder en silence dans ses métamorphoses.

Pour que la relation s'accomplisse et s'élève, l'homme doit pénétrer le secret de la femme qui se situe bien au-delà de la caverne de son sexe : il doit sentir et s'engloutir dans sa magie, qu'André Breton appelait *le noyau de nuit,* afin que l'alchimie du rapport se fasse, que les contraires soient réconciliés, unis, et que l'entité amoureuse se développe entre eux. Car il y a quelque chose comme une résurrection qui palpite dans une rencontre amoureuse réussie.

Pour cette raison, instinctivement perçue, la femme espère et sait attendre. Tout homme est un prince charmant destiné à une Cendrillon : un jour, la rencontre, si on la mérite, se fait. Pour le meilleur et pour le pire, suivant l'expression consacrée. La vraie alliance se fonde sur une connivence attentive des silences, la vraie beauté de l'amour réside dans le fait qu'il est grâce et effort, don et conquête permanente. Acte de foi.

Et le silence qui suit l'acte sexuel dit tout de l'état des jouissances, ou des frustrations, sur le réel contentement des partenaires, leur régénération éventuelle et leur entente, nue.

J'ai toujours été surpris de voir combien les femmes étaient conscientes du regard porté sur elles. Regardez-en une, même à travers une vitre de l'autre côté d'un boulevard, elle de dos, occupée à bavarder avec des amies : au bout de quelques secondes elle aura tourné la tête pour voir d'où vient l'œil qui la scrute. Passant en voiture, la moindre prunelle admirative les fait réagir, même imperceptiblement; elles enregistrent l'examen, la caresse, le jugement, le moindre coup d'œil.

Revenues aux U.S.A., pays où il est mal considéré de toiser autrui, des Américaines ayant vécu en Europe et surtout dans les pays latins, France et consorts, se sentent dédaignées de n'être plus dévisagées et considérées, pour leurs défauts comme pour leurs qualités apparemment érogènes. Ici, la croupe, le port de tête, le chatoiement des cheveux, les jambes, la taille, de jolies formes mêmes replètes, une façon de s'habiller et de se voiler de couleurs, les seins, les gestes gracieux, enfin tout ce qui dans l'allure générale donne du chien et du sex-appeal est admiré, souvent avec une certaine balourdise.

Une femme qui charme sans mots possède une arme redoutable. Il en est de même partout quoique différemment. Derrière le voile des musulmanes, tout passe par le regard, incroyablement bavard, et derrière les visages immobiles des Japonaises et leurs yeux noirs bridés qui paraissent dénués d'expression, leur sourire dentelé dit tout ce qu'on veut savoir : attention, ne pas se tromper. Les silences d'une femme sont aussi traîtres que ses promesses, dit un proverbe.

Enfin elles pourraient toutes dire avec Olympia Alberti [1] :

---

1. *Cœur rhapsodie, cœur absolu*, poèmes, éd. Albin Michel.

Avais-je demandé plus
Et pour cela qui appelle derrière les mots
Davantage reçu ?
...Et la beauté, crois-tu qu'elle ne soit
Signe
Alors pour le cri en poudre
sur le ciel, depuis mon silence
je parle aux étoiles
Et elles me regardent.

De passage à Paris, je prends le métro : y monte une fille superbe. Une créature splendide, tout ourlée de charmes, sûre de son fait, altière. Je la regarde, admiratif, elle le sait, elle le sent. Je ne la regarde plus et elle pose alors ses yeux sur moi. Je le sais, je le sens. C'est une onde dans le silence.

Le silence est sensation, perception, échange.

Univers intérieur, mais tactile.

Canal de communication.

Chaque journée qui passe a les siens, marquants : hier soir je dis à Marie une phrase qui lui déplaît. Elle ne répond pas. Dans le silence qui s'installe entre nous, nous sommes côte à côte dans le lit, je sens une onde rouge m'arriver, vibration de colère qui froisse l'espace entre nous. C'est invisible, insonore, inodore, mais c'est là. Incroyablement présent. En réponse je cajole, dis des mots doux, prétends que je disais ça comme ça, voyons, pour rire, bêta que je suis. Elle ne dit toujours rien, je la sens sourire dans le noir, l'onde agressive se calme, se transforme en tendresse. Silencieuse toujours.

Je suis fasciné par les visages et ce qui s'y découvre de l'enfant qui fut. Nous pouvons constater, lors de fugitifs moments, d'instants de joies simples l'apparition, derrière les traits de quelqu'un, même âgé et ridé, de la lisse jouvence qui transparaît. C'est comme un éclair, et c'est très beau, touchant, éphémère.

Revenons au langage des yeux ; les expressions qui s'y reflètent, amusées, malicieuses ou tristes, revenues de tout, vides de fatigue ou ivres d'une volonté de puissance, claires comme de l'eau ou sombres comme l'orage, hargneuses ou conciliantes, agitées ou paisibles : l'âme s'y découvre. Malcolm de Chazal, écrivain admirable et trop méconnu, dit, dans son recueil d'aphorismes lumineux qui a pour nom *Sens-plastique*[1] : « le langage des yeux est le cadre des choses qu'on ne dit pas. Le silence a la limitation des yeux. Les grands silences demandent un regard vaste. Les silences des bavards ont des regards qui parlent de très près. L'œil du bavard qui s'est tu jacasse en rond autour d'un mince pivot, sans bruit, comme pour attendre que s'éveille ce frêle corps inerte pour lui fondre dessus et le faire disparaître dans les hurlements du regard, au sein de la jacasserie des mots ». Il remarque aussi que la femme, « qu'elle ait tort ou raison, a l'art de mettre l'homme sur la défensive des mots par des offensives de silence ».

Comme dirait Bouvard, rien n'est plus bavard qu'une lèvre au repos : « Quelles que soient les prétentions de notre société de surcommunication, les corps ont davantage à dire que leurs propriétaires, le disent

1. Coll. L'imaginaire, éd. Gallimard.

mieux et plus franchement. Le mensonge ne commence qu'avec le premier mot [1]. »

Bien d'autres états, moins gais, sont perceptibles dans et par le silence : la vibration de jalousie, par exemple, s'avère très particulière. Ressentie en soi comme un désagréable pincement, angoisse diffuse et défense du territoire, elle est perçue, quand on se trouve en butte à elle, comme ordre d'arrêt immédiat de toute opération de séduction, même si celle-ci nous paraît inoffensive. Si on est jaloux on aimerait freiner l'autre dans ses élans qui nous paraissent, à tort ou à raison, douteusement trop amicaux, et si l'on nous jalouse, on nous demande de stopper le processus joyeux qui nous enchante, l'échange complice qui nous lie à une autre. Dans ces cas-là, guère besoin de paroles, les yeux deviennent des lasers et les alertes fusent, feux d'artifice silencieux.

Il y a aussi le silence inquiétude, d'un marron sombre, silence tourmenté où, dans l'attente, on imagine le pire, l'affreux, l'insurmontable. Le temps s'y étire, on tourne en rond, on délire, une boule sur l'estomac, la gorge nouée, les yeux qui s'exorbitent. L'anxiété nous possède alors entièrement, trouble corps et conscience.

Le silence de l'ennui, lui, est gris, il ne s'y passe rien, c'est bien là le problème.

Autre silence désagréable, lourd, celui qui présage la scène, l'esclandre, la crise. Épais comme une calamité, il crée l'appréhension, il fait peser menaces et dangers sur nos têtes. Noir présage de l'engueulade à venir, qu'il faut vite essayer d'éviter, diplomatique-

---

1. « Humeur », parue dans *Le Figaro* du 7 juin 1986.

ment. Ce qui s'avère difficile car parvenu à ce stade, il faut qu'il éclate comme l'orage, ce silence noir strié d'éclairs, qu'il se déverse en admonestations courroucées. Dans le silence qui suit, on reprend souffle, on recolle les morceaux. Parfois il vaut d'ailleurs mieux crier son mécontentement que le taire, cela fait évoluer la situation. Tout est affaire de nuances.

Le pire demeure ce silence du désespoir qui touche, un jour ou l'autre, tout le monde. Alors l'être part en débâcle, naufragé solitaire sur l'océan déchaîné de ses sentiments perdus et bafoués par les aspects tranchants de l'existence, abîmes ruisselants de tristesse et parfois de larmes, qui paraissent sans fin, sans fond, et qu'on quitte pourtant, avec le temps, pour de nouveaux espoirs.

Mon maître zen, Taïsen Deshimaru, qui avait beaucoup vécu, disait dans son « zenglish », jargon d'anglais mâtiné de français : « *Bad becomes good, good becomes bad,* c'est la vie », « Le mal devient bien, le bien mal » ; c'est vrai que chaque situation peut être transformée à chaque instant, car elle porte en elle-même son pourrissement comme ses possibilités de mutations créatrices ; tout coexiste avec son contraire, joie et douleur, fatigue et repos, absence et présence, être et néant, il suffit de continuer à avancer en se servant et des tourmentes et des accalmies rencontrées en chemin.

Nous l'avons dit, le silence d'autrui peut être mal perçu : une enquête faite aux U.S.A. en 1979 sur un échantillon de femmes de niveau universitaire a porté sur la façon dont elles ressentaient les silences entre elles, dans leurs processus de communications. Plus une once de poésie là-dedans, les silences amoureux sont loin. Celles qui parlent beaucoup et vite, avec peu de silences, se voient et sont perçues comme chaleureuses, coopératives, attentives, sociables et aventureuses. Les autres, qui parlent moins, avec de longs silences, se voient et sont perçues comme taciturnes, timides, réservées, critiques, sceptiques, rigides, sobres, indolentes, indépendantes, facilement agacées, frustrées, peureuses et tendues, la liste s'avère deux fois plus longue ! Une autre enquête, portant toujours sur des femmes de niveau culturel élevé, rejoint ces conclusions en précisant que les durées du discours sont influencées par l'attitude de celle qui écoute et non par la personnalité de celle qui parle : en effet, cette dernière parlera moins si elle se trouve face à quelqu'un du premier groupe (chaleureux, expansif...) et beaucoup plus si elle doit parler à quelqu'un du second groupe (réservé, taciturne, timide...). Et cela, nous pouvons en effet le remarquer dans nos existences, c'est une vérité de La Palice, il est plus facile de rester silencieux avec des bavards qu'avec des muets, car il faut alors entretenir le feu de la conversation pour qu'il y ait possibilité d'échange social. Pour que « la glace se brise ».

Autre résultat de toutes les enquêtes psycholinguistiques : les femmes sont plus hésitantes dans leurs discours mais plus sensibles que les hommes à certains types de communication non verbale. Certaines personnes sont plus attentives à ce qui est dit dans un discours, tandis que d'autres seront plus sensibles à la façon dont cela est dit. La place du silence dans l'acte de parole est indissociable de celui-ci. Et il est impossible de juger quelqu'un seulement sur ses silences ou seulement sur ses paroles. C'est l'ensemble silences-paroles qui montre la personnalité et ce qu'elle exprime. Car le silence est le moyen de signifier quelque chose sans rien dire.

Certaines civilisations ont développé au plus haut point cette culture du silence : des sociétés primitives jusqu'aux plus évoluées, chez les Igbos du Nigeria comme au Japon, le silence est un acte d'éloquence. Pour un Arabe le fait de rester silencieux en groupe n'a rien de choquant : cela fait partie de la convivialité, le silence est goûté comme une joie sereine. Les Occidentaux, eux, sont souvent dérangés par les longs silences des Japonais, ils y perdent pied, s'affolent, se demandent pourquoi on ne leur parle plus : je peux témoigner pourtant que s'ils savaient vivre dans le calme de ce silence, leurs affaires avanceraient mieux ; car alors leurs protagonistes les soupèsent, les jaugent et essayent de percevoir intuitivement ce qui se trouve derrière leurs mots.

Karlfried Graf Durkheim qui est peut-être le philosophe occidental qui a le mieux perçu l'esprit oriental dans son essence, écrit que « l'Orient perçoit encore ce silence comme une puissance, agissant des profondeurs, qu'il sait discerner, développer et protéger. C'est pourquoi il existe en Orient une culture du silence. Elle forme souvent le centre de toute structure de la vie et du monde. Connaître " la culture du silence " est donc aussi posséder une clé de l'esprit même du Japon. Elle mérite que l'on s'y intéresse, non seulement comme à la fleur de l'esprit oriental mais parce qu'elle nous concerne aussi personnellement, comme un phénomène fondamental qui touche tout ce qui est humain. En Occident, d'autres forces l'ont refoulée à un point devenu dangereux pour notre humanité essentielle. En se regardant dans le miroir de l'Orient, l'Occidental peut devenir plus conscient de lui-même, de ses potentialités aussi bien que de ses dangers. Il ne se voit pas seulement là dans sa singularité, il y découvre des traits menacés de sa nature intégrale, dont le dépérissement concerne son humanité totale, celle qui nourrit aussi tout élément particulier [1] ».

En Occident, on doit apprendre à utiliser et à maîtriser la richesse de nos espaces de silence au sein même du langage et de la vie quotidienne : se trouve probablement là une des portes de sortie à nombre de maux psychosomatiques et socioculturels.

Les multiples possibilités d'expression du silence sont à découvrir, en nous, autour de nous : ainsi que le dit justement Edward T. Hall [2], nous « devons parvenir à comprendre les aspects " hors conscience " de la communication. Il est faux de croire que nous sommes pleinement conscients de ce que nous transmettons à autrui. Le message d'un individu à un autre est facilement altéré dans le monde où nous vivons. Chercher à comprendre vraiment et à pénétrer les cheminements de la pensée d'autrui est une tâche beaucoup plus difficile et une situation beaucoup plus sérieuse que la plupart d'entre nous ne sont disposés à l'admettre ». Cette démarche trouve sa justification non seulement dans la nécessaire véracité des rapports humains mais aussi dans la structure de notre ordinateur central, le cerveau. Mais avant de passer à cet aspect de

1. *Le Japon et la culture du silence*, éd. Le Courrier du Livre.
2. *Le Langage silencieux*, éd. du Seuil.

la question, j'aimerais emprunter à Marie Saville Troïka, de l'université de l'Illinois, et développer les grandes lignes de son schéma des diverses dimensions du silence [1], qu'elle estime elle-même suggestif plutôt que définitif et certainement pas exhaustif. Elle opère une séparation en trois groupes majeurs :

A. *Les silences institutionnels :*
1. Spatiaux : ceux des bibliothèques, des églises, des temples...
2. Rituels : au sein des offices religieux, procédures légales, funérailles, classes scolaires, performances publiques (théâtres, cinémas...).
3. Volontaires : celui de ceux qui ont fait vœu de silence, religieux...
4. Hiérarchiques et structurels : dans le rapport entre patrons et employés, par exemple, autorité contre obéissance.
5. Tabous : dans les cas où la libre communication est prescrite : prisonniers...

B. *Les silences de groupes :*
1. De situations : l'accès à la parole est donné, dans une réunion quelconque, par un animateur délégué.
2. Normalisateurs : la parole est octroyée à tour de rôle aux membres d'un groupe : écoliers, étudiants ou autres... lors d'audiences spéciales, examens, etc.
3. Symboliques : dans l'action de la communication quelle qu'elle soit : « chaque langage possède une équation différente entre manifesta-

---

1. *An Integrated Theory of Communication* in *Perspectives on Silence,* Ablex Publishing Corporation.

tions et silence. Chaque personne laisse des choses non dites pour pouvoir en dire d'autres... » (José Ortega y Gasset).

C. *Les silences individuels* (en deux sous-groupes) :
  1. Interactifs :
     a) Sociocontextuels : d'audition, de déférence, de contrôle social et management, d'attitude tactique ou émotionnelle : colère, dédain, tristesse, indifférence, aliénation, doute, dissimulation, mystification, mais aussi respect, amour, communion et tout partage de sentiments sans paroles.
     b) Linguistiques : négation, refus, approbation, affirmation, didactique, elliptique...
     c) Psychologiques : fantasmatique, réflexif, mais aussi de timidité, honte, peur, embarras... et névrotique.
  2. Non interactifs :
     a) Contemplatif, méditatif.
     b) Inactif.

Ce tableau montre en tout cas que, comme la parole, le silence ne peut être limité à une simple unité de communication car il se trouve composé de structures, dimensions et valeurs complexes.

Le miroir de Psyché

Un homme se fixe la tâche de dessiner le monde. Tout au long des années, il peuple l'espace d'images, de provinces, de royaumes, de montagnes, de baies, de vaisseaux, d'îles, de poissons, de maisons, d'instruments, d'astres, de chevaux et de personnes. Peu avant sa mort, il découvre que ce patient labyrinthe de lignes trace l'image de son visage.

J.-L. Borges, *Le Créateur.*

Parlons biologie : pour bien fonctionner, notre corps doit réussir à harmoniser les échanges entre les cinq parties essentielles du cerveau, soit : *le néocortex,* siège de l'intelligence et de la perception, de la réflexion et de la commande, des sentiments et de la prévision : ses lobes frontaux répondent à nos besoins spécifiques, nécessaires à notre mouvement. Il contrôle *le paléocortex,* partie plus ancienne qu'Henri Laborit appelle notre « cerveau reptilien », qui est lui le siège des instincts, des émotions : tous les besoins fondamentaux à l'espèce, donc nutritionnels, sexuels, sensuels et aussi les notions de peur, colère, plaisir, déplaisir... se trouvent en lui. Il gouverne *le diencéphale* ou trône cérébral, où agissent thalamus, hypothalamus, hypophyse et le réseau de la fonction réticulée, qui forment les centres des systèmes nerveux autonome et endocrinien; ce cerveau primitif régit tout le processus interne, respiratoire, circulatoire, de tension musculaire, du fonctionnement glandulaire et hormonal, etc. Il est donc à la base de tous les systèmes de défense immunitaire, d'assimilation et... vitaux.

A ces trois composants essentiels du cerveau nous

pouvons ajouter : *l'hémisphère gauche* où se situe le siège des fonctions verbales et analytiques et *l'hémisphère droit*[1] qui est le siège des réactions de l'inconscient et des fonctions dites non verbales. Le cerveau gauche gère notre action sociale : il est parole. Le cerveau droit gère notre patrimoine naturel : il est silence.

Toutes les recherches actuelles, en particulier celles menées par l'équipe du professeur Ikemi au Japon, prouvent l'absolue nécessité d'un fonctionnement harmonieux entre toutes ces parties et zones cervicales. Or, chez l'homo sapiens moderne, l'activité du néocortex prédomine de même que celle de l'hémisphère gauche. Autrement dit, les signaux de l'instinct, de la vie intuitive et émotionnelle sont brimés et refoulés par les aspects intellectuels et suractifs de notre *moi*. D'où fort déséquilibre et stress. Le bruit, je devrais dire le vacarme, fait par notre cerveau frontal et gauche, ne nous permet plus d'écouter la sagesse innée émise par le cerveau profond et droit. Cela paraît presque trop simple, pourtant... Parlant de ce qui pourrait être une entité humaine idéale, un sage ermite de soixante-dix-huit ans me dit un jour : « C'est si simple qu'on passe complètement à côté. »

Évidemment, l'inversion totale de ce processus ne serait pas souhaitable : si les forces instinctives de la

---

1. D'après le professeur Tsunoda, la dominance de l'oreille gauche pour un son donné indique celle de l'hémisphère droit et la dominance de l'oreille droite celle de l'hémisphère gauche. De plus, sujets japonais et occidentaux percevraient de façon fort différente, le siège de l'émotion se situant par exemple dans l'hémisphère verbal pour les Japonais, et dans l'hémisphère non verbal (donc droit) chez les Occidentaux (Communication à un colloque de l'Unesco, avril 1981).

vie naturelle prédominaient, nous ferions retour à l'homo erectus préhistorique. Nous sommes sortis de l'ère paléolithique grâce au développement formidable des cerveaux frontaux et gauche. Mais ce processus d'évolution a basculé dans l'irrationnel au point que c'est notre propre pensée qui peut conduire aujourd'hui l'espèce à sa perte.

L'imaginaire débridé fait perdre contact avec la vraie réalité. L'intellect qui n'est plus en phase avec l'intuition, la pensée qui se coupe du corps et donc de ses bases, et le concept qui ignore sa conception créent une raison qui s'aveugle, un discours qui ne s'écoute plus, une suite d'actions qui ne se considèrent ni ne se concernent plus. De sorte qu'à cette remarque d'André Malraux, faite peu de temps avant sa mort : « nous sommes la première civilisation qui ne sache plus le sens de la vie ; nous vivons dans une civilisation qui, à la question : " Qu'est-ce que les gens font sur terre ? " répond : " Je ne sais pas. " Cela n'est jamais arrivé... », on pourrait répondre par cet objectif primordial : sauver la terre et son humanité. Faire qu'un silence lunaire ne s'installe pas ici-bas.

Ce déséquilibre entre les parties gauche et droite, frontale et profonde, ce conflit disproportionné entre les messages du silence naturel et ceux, surimposés, de la parole sociale sont les racines de la maladie mentale et, aussi, de toute faiblesse psychosomatique. C'est un problème de communication, à l'intérieur comme à l'extérieur de soi.

Problème qui commence dès l'enfance comme le prouvent les études faites par Bruno Bettelheim sur ces enfants autistiques qui s'enferment dans ce qu'il appelle leur « forteresse vide », figés qu'ils sont dans leur mutisme et leur monde fantasmatique. Et les terribles exemples qu'il nous en donne [1] sont symboliques de schèmes à l'œuvre chez tous les êtres apparemment normaux : « Plus la communication est gênée et moins il y a de contacts avec autrui, plus le sujet doit se rabattre sur son expérience intérieure pour interpréter la réalité. Et, comme si cela n'était pas assez nocif, moins il a de contacts avec la réalité, moins il peut confronter son expérience intérieure avec quelque chose qui permettrait un jugement équilibré. Donc, plus cela se reproduit, plus il est vraisemblable qu'il interprétera les signaux de l'extérieur de façon incorrecte et, de façon solipsiste, ceux de l'intérieur. Si la communication est complètement abandonnée ou si elle n'a jamais été établie, le sujet, en dehors de son expérience intérieure, n'a rien pour le guider, il n'a aucune référence pour juger. Au premier abord, ceci pourrait suggérer que le développement du *soi* y gagne en richesse intérieure. Mais aucune supposition ne serait plus fausse. Une vie intérieure reste chaotique si elle n'est pas validée par une expérience extérieure et organisée d'après cette validation. Ainsi, plus nous ne faisons attention qu'à notre seule vie intérieure, plus celle-ci sera chaotique. » Nous pouvons évidemment inverser cette phrase et trouver les mêmes graves dégâts à l'œuvre si l'on oublie et refoule les appels du *moi* pour privilégier l'expérience extérieure.

Pourquoi la progression des drogues ? Parce qu'elles donnent, pour un laps de temps court, accès à

---

1. *La Forteresse vide,* éd. Gallimard.

un *ailleurs de l'être*; et cela est valable pour les diverses drogues douces, parmi lesquelles nous pouvons ranger les tranquillisants et antidépresseurs dont la consommation augmente sans cesse à travers le monde « civilisé », comme pour les drogues dures dont l'usage suit la même courbe de croissance exponentielle : toutes permettent à des degrés divers un recentrage de l'être en miettes, un arrêt dans le défilé du carnaval mental, un silence dans le bavardage, devenu fou, de la conscience qui, laminée par la non-communication entre le rêve et la réalité, la non-synthèse créatrice des deux, part en lambeaux, s'effiloche en parcelles délirantes, balbutie des bribes de discours ou tourne autour de son idée fixe, disque rayé.

Mais les clés chimiques, si elles calment le désordre mental, si elles entravent le cheval fou, ne guérissent pas : ce sont des palliatifs non des panacées. Des expédients, non des remèdes.

Les drogues véhiculent une information artificielle qui devrait pouvoir être déclenchée naturellement par le corps : on a ainsi remarqué que, durant la méditation, il y a création d'endorphines dans le cerveau : l'organisme sécrète donc ses propres calmants sans avoir besoin d'adjuvants tels que l'alcool ou les pilules ou pire. Que fait l'héroïne sur un être dissocié ? Elle le rassemble, lui le déchiqueté de l'âme, elle le rend, pour un court moment, réunifié. Mais les tranquillisants employés par un bon tiers de la population agissent de la même manière : ce sont des créateurs artificiels de silence intérieur, d'un silence factice qui étouffe le bruit de la personne, l'assourdit quelques instants. Puis revient le hurlement, l'angoisse un temps cachée. Plus forte...

Troubles psychiques et folie sont bruits en dedans.
Équilibre et paix sont silences en dedans.

Et si le remède miracle des troubles de la personnalité n'est pas prêt d'être découvert, il existe pourtant en chacun, dans ce calme intérieur à retrouver, dans cette libre connexion des circuits divers de notre cerveau, génial ordinateur dont on sait si mal se servir.

Comment faire alors? Marche à pied dans la nature, sports divers s'ils sont pratiqués dans l'esprit d'éveil, yoga, pratique de la méditation sont les premiers pas de cette réintégration de l'être en lui-même [1] : ils amènent des résultats immédiatement perceptibles, une expérience tangible de la réalité, une rencontre naturelle avec tous les au-delà qui nous habitent et que, par surexcitation ou apathie, nous oublions, pour notre plus grand dommage, de visiter.

Oui, le monde est, mais c'est aussi notre vision qui le fait être.

Un professeur, rencontré chez des amis, se montrait surpris de constater que ses élèves du secondaire ne voyaient pas les deux magnifiques arbres centenaires de la cour de leur école. Leur a-t-on appris à les voir? Qu'a-t-on fait pour éduquer leur regard? Il me disait aussi que ses élèves avaient besoin, pour la plupart, de bruits de fond pour apprendre : le silence dans une classe les dérangeait, voire, les rendait nerveux. Ils vivent dans une civilisation où l'élément sonore est magnifié, comment connaîtraient-ils la valeur du

1. Voir mon livre *Techniques de méditation et pratiques d'éveil*, éd. Albin Michel, collection « Spiritualités vivantes » (Poche) et Retz.

silence? Comment peuvent-ils en effet se concentrer (donc se centrer avec), adopter une attitude inconnue qui, à ce titre, fait peur? Le silence est à découvrir dès l'enfance et je pense qu'on pourrait, même brièvement, apprendre à l'école et dès la maternelle à *jouer au silence.*

Bien des enseignants disent aussi que les enfants ne savent plus écouter : ceci rejoint cela. Les problèmes de l'attention, de la réflexion, de l'évolution globale de la personnalité sont résolubles par un travail volontaire sur ces parties mal exploitées des cerveaux profonds et des zones non verbales.

Un vieil adage oriental dit qu'un récipient plein ne peut plus rien accueillir. Il faut savoir le vider si on veut y mettre autre chose. De même le savoir, la masse des informations doivent être sans cesse digérés, intégrés par l'ensemble de l'organisme. Cela rejoint l'histoire de Montaigne et de sa tête bien faite préférable à la tête bien pleine. Nous savons tous que lorsque nous ne pouvons oublier nos soucis ou les problèmes qui se posent, nos capacités de réaction et de création se trouvent amoindries. Et cela ne se peut sans un retour au silence du corps, à l'aide d'un exercice physique quelconque. Un jour que je prenais le thé avec le Dr Alexander Lowen [1], l'un des chefs de file de ce mouvement qui, aux U.S.A. d'abord, puis en France et ailleurs, a tenté de débloquer la psychanalyse en lui trouvant de nouvelles voies, je lui demandai : « Si vous deviez donner une technique, un

---

1. Auteur de *La Dépression nerveuse et le Corps : Le Plaisir : la Bio-énergie ; le Corps bafoué* parus en traduction française aux éd. Sand-Tchou.

conseil simple, valable pour n'importe qui, que prône-riez-vous ?

— La première chose est de toujours se rendre compte de son corps. Il faut se demander : est-ce que je respire, est-ce que je sens mes pieds sur la terre ? Est-ce que je sens mes tensions ? La deuxième chose importante est que lorsqu'on se tient debout, on garde sans cesse conscience de la flexibilité du corps. Sinon il se rigidifie. Il faut savoir que la valeur de la vie est dans le plaisir du corps. Si vous cherchez la valeur autre part, vous finirez toujours par aboutir à la dépression. Si vous croyez avoir réalisé votre réussite sociale, le corps, lui, n'a pas réussi et vous serez obligé de réaliser une deuxième réussite, puis une troisième, cela n'arrêtera jamais.

« Alors, la réalité a deux faces. L'une est la réalité du corps et de ce qu'il éprouve. L'autre est la réalité du monde extérieur. Toute déformation de nos percep-tions intérieures produit une déformation correspon-dante de nos perceptions extérieures, car nous perce-vons le monde par l'intermédiaire de notre corps. L'individu névrosé ou déprimé a perdu le contact avec ces deux aspects de la réalité, parce qu'il a perdu le contact avec son corps...

« La condition humaine est un ensemble de contra-dictions apparentes qui se résolvent spontanément dans le processus créateur de la vie. Tout être humain est à la fois un animal et un porteur de culture. Quand ces deux forces opposées opèrent dans sa personnalité leur fusion créatrice, il devient un animal culturel. Mais cette fusion n'a pas lieu quand le processus d'accumulation tente de modifier et de contrôler la nature animale de l'individu. S'il y parvient, ce dernier devient un animal domestique dont le potentiel de création a été subverti à des fins de production... Et, en fait, le processus de domestication ne peut aller jusqu'au bout. Sous l'attitude de soumission, on trouve toujours une couche de méfiance et de révolte associée à des sentiments hostiles et négatifs. Soumission ou révolte ne sont, ni l'une ni l'autre, des attitudes créatrices et dans aucun de ces deux cas l'individu ne s'accepte lui-même. Or, chez un individu créateur, il n'y a pas de séparation entre l'enfant et l'adulte, entre le cœur et l'esprit, entre le moi et le corps. Notre thérapie cherche à retrouver en chaque être la sagesse naturelle de son corps et de son potentiel de création, donc de vie. »

Le biologiste Henri Laborit me rappela un jour cette loi fondamentale : « Pour qu'un ensemble donné, à quelque niveau d'organisation que ce soit, puisse fonctionner au mieux de sa survie, il faut que la finalité de chaque élément soit la même que celle de l'ensemble. » Sinon, il y a déséquilibre et donc maladie.

Une nouvelle psychologie de la conscience est en train de naître : on lui donne le nom de psychologie transpersonnelle. Voici la meilleure définition [1] qui en ait été donnée : « *La psychologie transpersonnelle* se préoccupe d'étendre le champ de l'investigation psychologique, afin d'inclure l'étude de l'état optimal de la santé psychique et du bien-être. Elle reconnaît la

---

1. Voir *Au-delà de l'ego,* textes réunis par Roger N. Walsh, Frances E. Vaughan, éd. La Table Ronde, et « Médecines nouvelles et psychologies transpersonnelles » (collectif) n° 64, *Question de,* Albin Michel.

potentialité de faire l'expérience d'un large éventail d'états de conscience, certains d'entre eux pouvant conduire à une extension de l'identité, par-delà les limites habituelles de l'ego et de la personnalité. En plus des domaines et des buts habituels, *la psychothérapie transpersonnelle* vise à faciliter la croissance et la conscience par-delà les niveaux de santé conventionnellement reconnus. Elle affirme l'importance de la modification de conscience, et la validité de l'expérience et de l'identité transcendantes. »

Que deviennent alors les psychanalystes à divan, espèce non en voie de disparition, mais toutefois en régression ? Ainsi que me l'avouait l'un d'entre eux : « La cure traditionnelle finie, l'interprétation plus ou moins faite, on laissait partir le client sans lui donner d'armes pour s'aider dans cette existence qui continue et que nous avons essayé de l'aider à assumer ; tandis que quelques techniques corporelles et de respiration sont d'un bienfait inégalable, souvent mille fois supérieures à tous les discours autour de l'Œdipe et le transfert... »

Mais, quelles que soient les méthodes à présent innombrables employées pour essayer de sortir quelqu'un de son marasme, pour l'aider à trouver cette « route qui sort de nous, la seule que nous puissions suivre » (Jules Supervielle), tous les psychanalystes, de quelque obédience que ce soit, emploient le silence en acte dans leur cure. Ainsi que l'exprime le Dr Jean-Pierre Schnetzler : « De la *qualité* du silence analytique dépend son pouvoir intégrateur. C'est dans la mesure où il enveloppe, accueille et accepte tout sans être perturbé qu'il peut communiquer à l'analysant la capacité d'accepter les oppositions conflictuelles, et de les laisser se dissoudre dans la paix qui passe l'entendement. Car la paix surgit au-delà des affrontements, inhérents au mental dualiste, et simplement exacerbés chez le malade [1]. »

Ainsi l'écoute de l'analyste doit-elle être « bienveillante » (Zeligs), empreinte de « bonté inconditionnelle » (Nacht), afin de favoriser un état intérieur de calme, voire d'union fusionnelle. Nacht précise d'ailleurs que son expérience porte à croire qu' « il existe effectivement une communication d'inconscient à inconscient, dans les deux sens [2] ». Et Schnetzler : « La première vertu du silence analytique est évidemment de permettre à l'analysant de prendre la parole. Parce que c'est physiquement possible, d'abord, parce que le silence maintenu y est une incitation permanente, ensuite. Nous nous contenterons de souligner que le silence de l'analyste doit bien être tel et non pas une absence paresseuse, morose, hostile ou somnolente. Auquel cas le traitement va dériver vers l'échec. Il faut maintenant préciser que le patient peut diagnostiquer avec une certaine exactitude l'état mental de son analyste, à partir de l'observation de menus faits auxquels il est très vigilant. Mais il faut aussi faire une place à un phénomène parapsychologique, que S. Nacht a eu le courage de signaler, et que plusieurs auteurs comme nous-même ont rencontré : la perception directe de l'inconscient. »

Considéré ainsi, le silence est bien ce facteur d'intégration : osmose de l'écoute et de la parole.

Le psychanalyste doit d'abord apprendre à se taire.

1. *Cahiers de psychologie Jungienne* n° 44, 1er trimestre 1985.
2. *La Présence du psychanalyste*, P.U.F.

« Patience, patience, chaque atome de silence est la chance d'un fruit mûr », dira Jean-Luc Donnet, citant Valéry en épigraphe à une discussion d'un groupe de psychanalystes sur leur temps de silence, discussion à laquelle participe et répond Serge Viderman [1] : « Le silence de l'analyste n'est que l'autre aspect du problème de l'interprétation. Avers et revers d'une seule pièce, structuralement identiques, différents par l'engramme, semblables par la valeur. Ne *rien* dire ce n'est pas rien *dire,* c'est dire autre chose, tout autre chose, autrement. Le silence, ce n'est du négatif qu'au premier coup d'œil. Parler, ce n'est pas nécessairement du positif. On ne peut pas parler du silence sans parler de l'interprétation. Silence et interprétation n'appartiennent pas à deux champs hétérogènes. Il y a homologie de structure qui fait que les deux se compénètrent. Il y a de l'interprétation dans le silence et *vice versa.* »

Silence du sens.

Il faut bien se rendre compte que beaucoup de gens introvertis se sont depuis trop longtemps tus, que leur mutisme cache un refoulement permanent, qu'ils ont absolument besoin de dire leur *moi* et que pour ce faire ils ont besoin de l'accueil d'un silence attentif. Puis, ils pourront se restructurer à partir de leur propre écoute, donc de leur propre silence, mais celui-ci devra s'enraciner dans un corps en bon état de fonctionnement, donc en employant des exercices *ad hoc.* Des personnes extraverties auront, elles aussi, besoin

1. « Regards sur la psychanalyse en France », *Nouvelle Revue de psychanalyse*, éd. Gallimard, automne 1979.

de retrouver l'immobilité en elles-mêmes : elles ne pourront y arriver sans pratiques physiques qui les forceront à se poser, à arrêter leur mouvement devenu fou.

Diverses études américaines prouvent que ceux qui font du jogging, arrivés au-delà du deuxième souffle, parviennent à des états intérieurs semblables à ceux de la méditation. Les tennismen disent entrer dans de nouvelles dimensions du temps. Et il suffit de poser ce genre de question à n'importe quel sportif endurant, il vous parlera, en ses termes à lui, du silence fusionnel qui l'habite au-delà de l'effort et de la nouvelle énergie qui envahit l'être qui a su pousser sa dynamique vers de nouvelles limites.

De même, les études électro-encéphalographiques de quelqu'un en posture de méditation, en zazen par exemple, prouvent l'apparition d'ondes alpha et thêta, ondes qu'on ne trouve que durant l'endormissement et le sommeil, et qui apparaissent dans cette posture immobile, à l'état de veille. « Il s'ensuit qu'on peut décrire zazen comme calmant l'agitation cérébrale tout en maintenant l'activité du cerveau à un niveau approprié, dit le professeur Ikemi. Et s'entraîner à conserver une posture immobile pendant un temps assez long, comme en zazen, peut contribuer efficacement à maintenir un état psychologique stable dans la vie quotidienne [1]. »

Donc, par divers moyens, on peut atteindre en soi un silence qui est sérénité, calme psychique. Cet état nous permet de mieux affronter les stress courants et de donner des réponses appropriées aux divers sti-

---

1. *Zen et Self-control,* éd. Retz.

muli. A ce sujet, que se passe-t-il si des stimuli, sonores par exemple, interviennent lors de l'état méditatif? Le professeur Ikemi répond : « Voici ce qui semble caractériser le tracé des ondes cérébrales durant zazen. Si des stimuli, visuels ou autres, se présentent, les ondes d'alpha disparaissent, remplacées par des rythmes rapides, et réapparaissent rapidement. Plus les rythmes alpha sont longs à réapparaître, plus durable est l'influence du stimulus. Plus vite ils réapparaissent, plus brève est l'influence.

« Si on compare un pratiquant chevronné à un débutant, il ressort que, sous l'influence d'un stimulus auditif, on observe un effet durable chez le débutant et que, si ce dernier est soumis à un stimulus répété, les rythmes alpha ont tendance à ne plus apparaître. En revanche, chez le pratiquant expérimenté, l'interruption des rythmes alpha ne dure que deux ou trois secondes, même si le stimulus est répété. »

Le moine zen qui se soumit à l'expérience fit cette remarque intéressante : « J'entendais chaque son distinctement, peut-être même mieux qu'à l'ordinaire. Mais je ne m'y attachais pas, un peu comme, quand on marche dans la rue, on voit chaque personne mais, à moins de reconnaître quelqu'un, on n'éprouve aucun sentiment particulier. »

Dans le *Kongo Hannyakyo,* texte traditionnel du bouddhisme, on peut lire des remarques analogues et témoignant d'un même état d'esprit. Leur sens peut se résumer ainsi : « Aussi longtemps qu'il vit, chaque individu accomplit sa propre tâche et doit se relier à autrui et aux autres objets. Mais s'il s'attache à ces objets, il perd son *moi* et échoue dans son entreprise.

L'être doit vivre sans s'attacher aux différents objets. »

Et nous arrivons à une nouvelle prémisse :

Silence intérieur = audition améliorée = comportement efficace.

Si l'oreille déraille, le psychisme en fait autant. Ce n'est pas une boutade mais un fait clinique constaté par maints chercheurs. Une science thérapeutique s'est créée, basée sur l'écoute, donc sur le silence qui lui est nécessaire. Le docteur Guy Berard dit ainsi : « A notre avis, *c'est la modification de l'audition qui provoque directement le changement de la façon d'être,* puisque la suppression du 1-8 ou du 2-8 [1] à gauche provoque toujours et très rapidement la disparition du syndrome dépressif ou suicidaire, alors que toutes les autres coordonnées sociales et somatiques sont restées identiques à ce qu'elles étaient auparavant. Nous ajouterons encore une pierre à notre édifice en signalant que, parfois, au cours de soins appliqués à des malades pour des difficultés auditives banales, ceux-ci nous signalent un passage à un " état d'âme " désagréable, inconnu auparavant. L'examen audiométrique montre alors que l'audition est remontée de manière irrégulière et que les fréquences " traumatisantes " ont atteint un niveau supérieur à celui des autres [2]. »

Et le docteur Tomatis, précurseur de la méthode de l'*oreille électronique,* appareil qui permet de créer un conditionnement obligeant l'oreille à acquérir sa vraie posture d'écoute, après qu'il eut constaté le grave

1. Courbes audiométriques.
2. *Audition égale comportement,* éd. Maisonneuve.

manque auditif qui se trouve à la base de bien des difficultés scolaires, préconise la thérapie adéquate : « Ce qui est souhaité, c'est que l'on soit désormais plus averti de la présence de ce manque, que l'on sache le rechercher, que l'on puisse le détecter non seulement au cours de la scolarité mais mieux encore avant celle-ci, chez l'enfant non encore introduit dans le cycle de l'enseignement ; en maternelle par exemple qui me paraît être le lieu d'élection du dépistage et de la correction à apporter. Tout enfant qui parle mal ou qui ne parle pas, qui s'exprime avec difficulté, qui présente des troubles de latéralité, qui semble distrait, dans les nuages, qui ne peut fixer son attention, qui marque des déficiences temporo-spatiales, etc., devrait être dépisté avant même que les difficultés devant la lettre apparaissent comme élément révélateur. Tout le cortège des signes de la " dyslexie " est déjà installé, et le bilan qui permet de le vérifier ne se réfère à aucun moment, on l'a vu, à la lecture [1]. »

Écoute et conscience vont de pair. Il existe donc des chemins pour parvenir à les éduquer.

Lors de « journées de réflexion sur l'utilisation thérapeutique des sons » à la faculté de médecine de Montpellier en juin 1983, le Dr Mouret, psychiatre d'hôpitaux, déclarait ainsi : « " Il n'est rien dans l'esprit qui ne soit passé par les sens " (Aristote). On pense généralement que l'oreille est un microphone. Or, l'oreille a un psychisme. L'intégration ne se fait que si le sujet a envie d'entendre. Entendre c'est subir le message qui vous est adressé. Écouter c'est désirer

---

1. Voir son ouvrage *Éducation et dyslexique,* éd. E.S.F.

appréhender ce message. Il s'agit là de deux attitudes bien différentes.

« L'oreille possède deux petits muscles dont on parle rarement. Ce sont des muscles d'accommodation dont l'être humain joue pour entrer en communication avec le monde extérieur. Ici, le facteur psychologique est déterminant. Lorsqu'un son parvient à un individu, le tout est de savoir si celui-ci désire l'accueillir ou le rejeter, s'il tend l'oreille ou s'il cherche à la relâcher.

« Prenons le cas d'un jeune enfant. Qu'un choc affectif surgisse et le monde devient douloureux, pénible. L'oreille va prendre une fonction de défense : ne plus écouter, voilà une défense facile ! Le pli est vite pris qui déconnecte l'écoute, pour mettre la voix de la mère ou du père à distance. Que de parents croient user de leur autorité sur une oreille qui les entend à peine et ne les écoute plus depuis longtemps ! Malheureusement, comme une jambe mise au plâtre s'atrophie et nécessite une rééducation, les muscles de l'oreille, laissés trop souvent ou trop longtemps détendus, perdent de leur tonicité et seul un effort considérable permet de les adapter à nouveau. On dira que l'attention est impossible à fixer, que l'enfant est dans les nuages, qu'il se désintéresse de son travail, qu'il dort dans son coin, ou qu'il est turbulent, insupportable : c'est-à-dire là où on n'écoute pas. Et lui-même, s'il veut écouter, devra faire un effort. Il le fera dix minutes de temps à autre, ou quand la conversation roule dans le champ de ses préoccupations ou de ses rêveries, mais il ne peut plus le faire spontanément, à longueur de journée, comme il fait pour respirer... alors on dit qu'il est paresseux... »

De même que toute cellule se rétracte et se dilate sans cesse, au fil des échanges avec son milieu, de même écoute et esprit d'écoute passent par des phases d'ouverture et de rétractions. Celles-ci affectent la dynamique vocale, l'expression de la parole et, bien sûr, le psychisme et les réactions corporelles qui les sous-tendent.

Un vieil adage populaire dit : La musique adoucit les mœurs. Avec elle, une autre porte s'ouvre à nous, car, évidemment, la musique joue avec le silence.

La huitième note

Ce qu'il y a de merveilleux dans la musique de Mozart, c'est que le silence qui la suit est encore du Mozart.

Sacha Guitry.

La musique, ou art des Muses, peut être définie comme l'art de combiner les sons, sur un canevas de silence, d'après des règles, variables selon les lieux et les époques; comme méthode pour organiser une durée et habiter un espace avec des éléments sonores; ou comme l'acte de savoir créer des bruits harmonieux entre eux.

Pour Nietzsche, elle est « parole de vérité », pour Freud « texte à déchiffrer », pour Marx, « miroir de la réalité » et pour Jacques Attali, auteur d'un essai intitulé *Bruits*[1], elle représente « la bande audible de la société », son archétype sonore en quelque sorte. A ce titre, elle se situe à la fois comme instrument d'éveil et, à notre époque médiatique, comme outil du pouvoir en place car elle peut:

— faire oublier: les misères de la condition humaine;

— faire croire: que le succès ou l'amour est à la portée de chacun;

— faire taire: le besoin de grogne et de révolte.

Et, lorsqu'on écoute les ondes, les deux tiers des

1 Éd. Fayard.

« scies » et tubes qui passent sur les radios populaires au milieu des jeux populaires, on peut vraiment accréditer cette dimension équivoque de machine à vendre du rêve. Heureusement, la musique détient en elle-même de puissantes forces de contestation et d'évolution. Elle est aussi appel, stimulation, espoir, élévation : ascendance, avec tout ce que ce terme peut avoir d'ambigu.

Mais elle est aussi évasion ; une amie me dit : le seul moment où je suis dans le silence, c'est quand j'écoute de la musique. Phrase apparemment contradictoire qui signifie qu'elle écoute bien.

Le son, tout son, sort du silence et y retourne.

Par le silence intérieur qu'il suscite, le son mélodieux peut être un moyen de connaissance et d'accès à des états supérieurs. Dans l'Antiquité, la musique était l'un des meilleurs moyens pour entrer en communication avec les dieux. Elle passait même pour avoir été une de leurs inventions, une foule de mythes en témoigne, tel celui d'Hermès dans la mythologie grecque, qui, parti à la recherche des vaches d'Apollon, trouve une brave tortue qui chemine de son pas. Une idée lui vient et il lui dit : « Je ne serai pas de ceux qui n'ont pour toi que mépris. Je vais tirer quelque chose de toi au point que, même morte, tu chanteras encore ! » Sans lui laisser le temps de protester, il la tue, la retourne, la vide, taille des tiges de roseaux qu'il fixe à travers la carapace, étend dessus un fragment de peau de bœuf, prélève quelques boyaux de brebis, sept, qu'il ajuste en cordes : du silence de cette carapace il sort des sons, la lyre était née.

Orphée perfectionnera cet instrument, qui deviendra la cithare, en y ajoutant deux cordes supplémentaires. Sous ses doigts, l'instrument acquiert un pouvoir magique, celui de charmer toutes créatures, jusqu'aux animaux féroces, aux plantes qui s'inclinent sur son passage, aux pierres qui tressaillent en l'entendant. Lors de l'expédition des Argonautes, il calme même, grâce au chant, les flots déchaînés d'une tempête, il séduit les redoutables Sirènes, surimposant sa musique à la leur...

Revenu du pays de la Toison d'Or, notre héros épouse Eurydice. Ils s'aiment d'amour tendre. A sa mort, inconsolable, il part la chercher aux Enfers : grâce aux sons qu'il émet, le féroce chien Tantale ne se jette pas sur lui, Sisyphe le muet cesse de pousser son rocher, les Danaïdes ne tirent plus de seaux, Hadès et Perséphone sont envoûtés et un silence musical s'abat sur le royaume infernal, désorganisé par ces vibrations mélodieuses porteuses du don de charmer qui les entend et de transformer le dur en doux :

« Évocation : quelque chose ou une chair sort de la voix.

Orphée invoque, sa voix et les cordes tremblent, il appelle, crie, chante, se livre à l'incantation. Il compose la musique et Eurydice.

La femme revenante ressuscite, elle suit la vocation.

La voix donne chair au nom, délivre le mot de la mort, la lumière le dégage de la nuit, la musique ajoute sa chair, durcit le doux : jusqu'où va l'incarnation [1] ? »

Jusqu'à la défaillance d'Orphée qui, non loin de la

1. Michel Serres, *Les Cinq Sens*, éd. Grasset.

porte des Enfers, toujours jouant, se retourne et regarde sa bien-aimée qui le suit. Ce regard que la nuit interdisait avant le jour, ce regard silencieux et amoureux, rompt le charme du son, c'est la pause fatale, la fausse note dans la mélodie, le couac qui dématérialise l'enchantement : Eurydice est de nouveau happée par le vide noir, l'enfer mugit sa rage ; hideux, il reprend ses droits, profitant de ce moment de silence précoce d'Orphée, car l'artiste a interrompu son concert dont la durée était fixée au seuil atteint, et le public démoniaque, un temps envoûté, hurle sa haine, retrouvée.

Orphée fuit, seul à jamais.

Mythe magnifique qui chante la puissance et l'illusion du son. Mais Orphée demeurera comme symbole du musicien idéal et surtout comme patron des Mystères initiatiques car il s'est approché, grâce à son art, de l'inconnaissable et de l'ineffable. Et ceux qu'on appela à sa suite du nom d'Orphiques, que recherchaient-ils dans son exemple ? Ce que l'on cherche en toute cosmogonie : « *Quelque chose de divin,* de donné et caché sous les signes du monde, et sous les discours mêmes de l'homme ; *le sens du dieu,* et l'énigme dissimulée sous le sens ; *le fond des choses,* et le vide béant par-dessous ; le " cœur inébranlable de la vérité toute ronde [1]"! »

En deux mots : le mystère du silence.

Dans la tradition hindoue aussi, le son s'enracine dans ce mystère.

Et OM (AUM), la syllabe sacrée, son primordial qui

1. Ramnoux, *La Nuit et les Enfants de la nuit,* éd. Flammarion.

les contient tous, son qui tisse et soutient l'univers, est défini comme touchant le

> *Son qui ne sonne pas*
> *Parce qu'il est au-delà du son.*
> *L'adepte qui le trouve*
> *Est délivré du doute.*
> *Il est Son par excellence*
> *l'Impérissable qui se situe*
> *Au-delà de toutes les catégories*
> *Voyelles ou consonnes, sourdes ou sonores*
> *Palatales ou gutturales, labiales ou nasales*
> *Semi-consonnes ou aspirées;*
> *Et c'est par lui,*
> *Que l'adepte discerne le chemin*
> *Sur lequel il conduit le souffle*[1].

Dans cette tradition-là, comme dans toutes les autres, des récits légendaires ne manquent pas relatant l'impact du *raga* (mélodie improvisée à partir d'un mode fixe) sur les forces naturelles. La musique qu'on dit « colorer l'esprit » est perçue par le musicien comme une entité vivante, non différente du divin. Chaque note possède une beauté en soi, et il est recommandé de veiller à sa « nudité » afin qu'elle se détache dans le silence émis par l'auditoire, l'objectif étant de percevoir l'infini dans chaque note émise.

Un ami, musicien et poète, Zeno Bianu, me rappelle qu'en Inde, l'essence de la musique — comme de tout art — est *rasa* (la Saveur), évidence immédiate de l'Un par le truchement de l'émotion. La Saveur n'est autre

---

1. *Upanishads du yoga*, trad. Jean Varenne, éd. Gallimard.

que le Soi *(âtman)* du raga : « Surgie avec le Principe lumineux, sans parties, brillant de sa propre évidence, faite de joie et de pensée unies, libre de tout contact d'autres perceptions, sœur jumelle de la gustation du Brahman, vivant du souffle de l'administration surnaturelle, telle est la Saveur que ceux qui ont une mesure de jugement goûtent comme la propre forme de soi, inséparablement. »

Essentiellement, neuf saveurs qui sont celles mêmes du silence sont énumérées : Érotique, Comique, Pathétique, Héroïque, Furieuse, Terrible, Horrible, Merveilleuse, Paisible. « Ce qui pénètre la pensée avec la vitesse du feu de bois sec, dit René Daumal, c'est l'*Évidence,* présente dans toutes les saveurs [1]. » Chaque raga s'attache à saturer l'esprit d'une saveur dominante, à y forger un halo d'une inépuisable luminosité.

Le premier son, non manifesté, qui est le son de l'univers éternellement présent et créateur, ne peut être entendu pour les yogis, que de l'intérieur. Les autres types de sons restent, eux, manifestes, vibrations dans l'air.

En dévoilant la beauté de chaque note de l'intérieur, le musicien, barde de l'infini, éveille les cœurs et cisèle le silence.

La tradition musicale islamique est aussi très riche en ce domaine. Répondant à une question sur les pouvoirs, qu'on pourrait qualifier d'ésotériques, de certaines musiques orientales, Jean During, chargé de recherche au C.N.R.S., nous répond :

1. *Bharata*, éd. Gallimard.

« D'abord, il faut précisément rappeler que ces pratiques musicales sont motivées non par une recherche esthétique mais par la recherche des pouvoirs qu'elles procurent. La puissance esthétique est incluse dans l'ensemble de ces pouvoirs. Le pouvoir se constate à ses effets. Dans certaines musiques orientales, moins dans les musiques d'art que les musiques populaires, on recherche un effet, et on mesure la qualité de la musique aux effets qu'elle produit. J'ai étudié les musiques soufies, les musiques des mystiques, les formes populaires qui en dérivent et qui en ont conservé le caractère et j'ai été amené aussi à me poser la fameuse question : en quoi résident les pouvoirs de la musique ?

« Il existe bien sûr une infinité de réponses. L'une d'elles, très dogmatique, et que j'ai été amené à relativiser, considère que des intervalles ou des gammes donnés produisent des effets donnés. Il existe à ce sujet toute une spéculation qui s'appuie sur le pythagorisme et la scholastique grecque et qui a influencé l'Islam. Mais l'expérience montre que le pouvoir ne réside pas dans le choix de telle échelle ou de telle gamme, puisque lorsqu'on joue, on n'applique pas ces lois mathématiques de manière très précise.

« Le pouvoir ne se laisse pas mettre en équations. Il existe des réponses relativistes invoquant un phénomène de conditionnement : on s'habitue à rentrer dans un certain état à l'écoute en silence de certaines musiques. Lorsqu'on entend ensuite cette musique, on passe immédiatement au niveau de la transe par exemple. On ne peut nier non plus ce phénomène, mais toutes ces réponses ne sont que partielles.

« En fait, c'est un ensemble de facteurs qui est en

jeu. Le timbre de l'instrument doit être pris en considération, les intervalles ont un certain effet, le conditionnement, la réponse réflexe, le phénomène culturel et surtout la nature de l'auteur et de l'interprète ; tout cela joue un certain rôle. Une réponse peut-être plus satisfaisante se profile quand on aborde la question du pouvoir intérieur du musicien. Pour transmettre un influx, le musicien doit avoir lui-même un certain pouvoir qui vient de la qualité de son silence, de sa concentration, de sa méditation. Certains disent que ce pouvoir est lié à son degré de pureté intérieure, d'autres qu'il se manifeste parce que le musicien est rattaché à une lignée initiatique qui lui donne une sorte de baraka lui permettant de transmettre un influx à travers sa musique. J'ai vu des cas extrêmes où la forme musicale ne joue plus du tout ; des musiciens animés d'une forte spiritualité provoquent des effets incroyables en jouant des choses très simples. C'est, me semble-t-il, un des axes fondamentaux.

« On voit rarement un musicien parvenir à fasciner les gens s'il n'a pas lui-même cette espèce de force intérieure. C'est d'ailleurs ce qui constitue l'intérêt d'une tradition : on est initié à une certaine forme de spiritualité à travers la musique. Cela marche ensemble.

« D'un autre côté, la forme de la musique elle-même fait que cette musique est capable de transmettre un pouvoir ou pas. Si quelqu'un travaille sur des bases musicales qui ne correspondent en aucune manière aux lois de la nature, comme on l'observe souvent en Occident aujourd'hui, sa spiritualité ne peut s'exprimer aussi bien que celle d'un Bach par exemple. Il faut distinguer, d'une part, quelque chose que l'on peut nommer l'intention ou la motivation et, d'autre part, les moyens utilisés.

« Est-il donc possible de concevoir ces pouvoirs de la musique en dehors d'une référence au système tonal ou modal, dans l'univers dodécaphonique, par exemple ?

« Le son d'une corde d'instrument renferme en lui-même les lois d'organisation de la gamme. La note fondamentale et ses harmoniques s'organisent naturellement d'une manière précise. Ce sont là des choses avec lesquelles on ne peut pas tricher. De ce point de vue, il convient d'ailleurs de ne pas séparer l'Orient de l'Occident. Toute l'Europe obéit à peu près aux mêmes lois mélodiques que la Chine, l'Inde, la Perse, et les pays arabes. La musique européenne classique tardive constitue un cas à part ; mais partout, un chant reste un chant. Et comment peut-on chanter en douze demi-tons ?

« Parlons des instruments. Y en a-t-il qui se prêtent particulièrement à la transmission des influx et des pouvoirs ?

« Des gens qui sont profondément enracinés dans la tradition, des soufis par exemple, vous répondront que, sans aucun doute, certains instruments transmettent mieux que d'autres. En Turquie et dans tout le monde arabe, la flûte de roseau *(ney)* est un instrument chargé d'effets spirituels. Et cette flûte, on la rencontre au Japon dans la musique zen (le *sakuhachi*) où elle est jouée d'une manière proche du ney turc. On peut difficilement évoquer une influence culturelle dans l'un ou l'autre sens et, pourtant, l'unité est là.

« Certains instruments à cordes frottées sont également chargés d'un pouvoir, tel le *rebâb,* ou autres sortes de vièles. Dans la culture occidentale, c'est d'ailleurs le violon qui est l'instrument le plus chargé de pouvoirs. Pensez à Paganini, au violon du diable, à la *sonate à Kreutzer,* à la sonate *la Trille du diable* de Tartini, etc. Tout cela évoque un univers fantasmagorique.

« On trouve aussi le tambour sur cadre circulaire, répandu dans tout l'Orient et l'Afrique du Nord. C'est l'instrument chamanique par excellence des Sibériens, des Lapons, des Indiens d'Amérique, de toutes les confréries derviches qui pratiquent la litanie à haute voix *(zikr).*

« Chaque culture possède ses instruments privilégiés. Mais un musicien animé d'un pouvoir spirituel, un maître, pourra obtenir un effet avec pratiquement n'importe quel instrument. Toutefois, les instruments privilégiés par certaines cultures ne le sont pas par hasard. »

Autre rapport avec le silence qui fonde et porte toute émission de sons, celui de la grande pianiste classique Brigitte Engerer qui, interviewée dans le cadre d'un numéro de la revue *Question de* [1] consacré à la musique et l'esprit, nous dit que : « Dans le travail de l'interprète, il y a trois stades :

« Le premier, quand on lit un texte et que l'on a l'impression d'en avoir une intuition immédiate, directe, que l'on sent tout ce qui se passe.

« Au deuxième stade, le travail commence et on s'aperçoit que l'on ne sait rien, que toute cette intui-

1. *Question de* n° 54.

tion disparaît. Alors on entre dans une sorte de brume.

« Le troisième stade consiste à dépasser cela et à construire, petit à petit, un dialogue logique. Je pense que l'interprète parvient à toucher le public lorsqu'il exprime quelque chose de parfaitement logique et cohérent. La musique n'est pas abstraite ; elle peut être aussi logique et aussi palpable qu'un regard ou que la chaleur ou la froideur d'une main.

« Pour toucher le public, il est nécessaire de créer une histoire, de concevoir une pièce de théâtre. Ce qui est difficile dans le cas d'un pianiste en récital, c'est qu'il doit, seul, recréer non seulement la pièce, mais les décors, les éclairages, les différents personnages, et donner l'impression qu'il se passe réellement quelque chose, un poème, une histoire, un drame, une mort, une renaissance... S'il y a un fil du début à la fin, les gens comprennent tout de suite et entrent dans ce monde qui est présent.

« L'intuition première est importante mais on ne doit pas jouer là-dessus, car on peut alors substituer ses propres émotions à celles de l'auteur. Il est nécessaire d'oublier ses émotions personnelles et de mettre la partition à plat, de la lire, de voir toute cette notation abstraite, et d'essayer de recréer la musique à partir de tous ces petits signes. On ne voit pas cette logique implacable lorsqu'on est ébloui, à la première lecture, par ses émotions. Le plus difficile est, par la suite, de parvenir à intégrer ses émotions. C'est pourquoi il faut du temps. Nietzsche disait qu'à son époque, il manquait aux auteurs la faculté de ruminer. Aujourd'hui, cette remarque s'applique tout particulièrement aux interprètes. Certains pensent avant tout à s'exprimer eux-mêmes, ils ont peur de manquer de personnalité s'ils jouent tout ce qui est écrit. Cette peur est un peu ridicule. Si vous demandez à dix pianistes d'interpréter la même œuvre, exactement de la même manière, vous obtiendrez dix interprétations absolument différentes, parce que le ton, la voix, le poids, l'émotion sont différents pour chacun. Ce qui est touchant, c'est de retrouver le même courant dans diverses interprétations, sous les doigts de pianistes qui ne sont ni connus ni entendus. On retrouve, par exemple, chez Cortot, Samson François ou Rachlaninov, la même ligne, au-delà d'une interprétation différente, d'une expression différente.

« Quand l'interprète réussit à transmettre cela, il le sent, et cela décuple ses forces. Il s'établit une sorte de communion silencieuse, qui se passe dans la qualité du silence, par son intensité : certaines salles totalement silencieuses ne vous retransmettent rien.

« C'est du domaine de l'invisible. Vous sentez que ce soir-là, il est possible de faire des nuances plus exagérées, d'adopter des tempi plus lents, parce que ce public comprend exactement ce que vous faites. Lorsqu'il joue, le pianiste est comme dans une bulle. Il doit tirer les gens vers cette bulle, résister au désir d'aller vers eux, ne pas être tenté par le fait de plaire. On ne doit pas rendre accessible au public une sonate de Beethoven, c'est lui qui doit venir à cette musique, qui doit avoir envie d'y venir. On peut stimuler ce désir mais pas toujours. Certains soirs, on est là, totalement présent, d'autres soirs non, et on ne peut pas tricher, faire semblant. D'autres fois, on a l'impression d'être submergé par le trac. Mais le trac concerne surtout l'intellect; le cœur et les mains restent ce qu'ils sont, juste un peu plus nerveux que d'habitude. Et tandis que l'intellect reste bloqué par un mauvais stress, le cœur et les mains expriment exactement ce qu'ils doivent exprimer, inconsciemment. A la fin, on découvre un public profondément ému alors qu'on a passé son temps à tenter de dominer le stress.

« Pour un musicien, trois choses me semblent fondamentales. La première est d'apprendre à lire, à décrypter le texte musical de manière à saisir véritablement ce que le compositeur a voulu écrire, ce que veut dire chaque petit signe au-dessus des notes. Une phrase notée *staccato* exprime telle chose ; notée *legato,* elle exprime autre chose. Il faut dégager la logique qui unit les différentes phrases.

« La deuxième chose qu'un maître vous apprend (et qui est peut-être la première) est que la musique, avant d'être de la musique, était du rythme et que donc le pouls humain, le rythme du cœur est là, présent dans chaque musique. S'il n'est pas là, il n'y a plus de musique. C'est une chose primitive mais vraie, à laquelle peu de jeunes musiciens pensent, tellement ils sont absorbés par leur propre émotion. Si ce rythme fondamental est absent, il n'y a plus rien.

« La troisième chose, c'est la concentration sur le son, sur la beauté du son ; apprendre à s'écouter en dominant ses émotions pour parvenir à créer exactement le son que l'on désire. Cela dépend de quelques milligrammes en plus ou en moins sur la touche, de la longueur du son propre à l'instrument, etc. Parvenir aussi à retrouver l'expression de la voix humaine au piano, l'expression de la nature humaine, de ce que Dieu a créé et que l'on essaye de recréer, pauvrement, en tendant vers un idéal de la nature. »

Ces entretiens prouvent l'absolue osmose de diverses formes de silence, de musique et d'écoute. Et je me souviendrai toujours de cette rencontre, il y a quelques années, dans un Iran qui n'était pas encore celui des ayatollahs, d'un musicien aveugle considéré comme maître soufi. Jean During, qui s'attachait déjà à retrouver en Orient les diverses formes musicales en voie de disparition, me l'avait présenté à l'école de musique populaire Mehli.

Je n'arrivais pas à donner d'âge à cet homme au visage si doux, au sourire si gentil, qui était assis sur une chaise et vous fixait de ses yeux vides. Jean me dit : « Il ne veut pas parler mais nous jouer quelque chose. Cela remplacera tous les discours. » Nous passâmes dans une petite pièce attenante : l'aveugle prit son santour sur ses genoux, instrument trapézoïdal dont on frappe les 72 cordes avec de fines baguettes de buis. Il joua un premier air, très beau. A la fin de ce morceau, après un silence de quelques secondes, il releva la tête et nous remercia d'avoir si bien écouté. Et il enchaîna immédiatement sur un second air, étourdissant de virtuosité. Le premier morceau avait comblé notre sens esthétique, le second transporta nos âmes et nous fit, littéralement, monter en extase. Ce fut un moment inouï, que je ne peux exprimer ni raconter, sinon en disant qu'il nous fit sauter l'esprit comme un bouchon de champagne, qu'il nous éclata plus fort que le plus puissant des hallucinogènes.

Septième ciel.

Dans le très long silence qui suivit, nous nous regardâmes Jean et moi, souriants, sur la même longueur d'ondes, des cernes envahissaient nos visages, nous étions éblouis par cette musique des sphères, nous avions *vu* la puissance du son.

Le visage toujours baigné de son merveilleux sourire, le musicien aveugle qui voyait de tout son corps se remit à jouer. Un troisième air. Une mélodie populaire toute simple, courte, joyeuse, parée des couleurs vives des marchés de là-bas, pleine de vie : ce morceau-là nous disait, voilà, il faut revenir ici, redescendre, voilà, l'existence continue.

Puis il nous salua, nous le remerciâmes avec une effusion retenue et quittâmes le centre. Cet homme avait le génie d'Orphée, qui n'était pas un leurre, je le compris alors.

Il est connu que la perception d'un aveugle est surmultipliée. Cet homme-là était encore allé au-delà de cette multiplication. Sa musique touchait au silence divin. Et je pensais à Beethoven, sourd lui, être habité de tempête qui devait entendre avec tout son corps, et écrivait le 17 juillet 1812 à une amie musicienne (Émilie M.) : « Persévère, n'exerce pas l'art seulement mais pénètre aussi en son être intime ; il le mérite car seuls l'art et sa science élèvent l'homme jusqu'à la divinité... L'artiste véritable n'a point d'orgueil ; malheureusement, il sait que l'art n'a pas de limites, il sent obscurément combien il est éloigné du but et tandis qu'il est peut-être admiré par d'autres, il déplore de n'être pas encore parvenu là où son meilleur génie ne brille que comme un lointain soleil. »

Que dire encore du silence et de la musique ? Parler du *Requiem inachevé* de Mozart ?

Debussy, composant *Pelléas et Mélisande,* écrivait à son ami Ernest Chausson : « Je me suis servi d'un moyen qui me paraît assez rare, c'est-à-dire du silence comme agent d'expression et peut-être la seule façon de faire valoir les phrases. » Et pour Webern la partie de silence est véritablement à déchiffrer comme il l'enseignait à ses interprètes : attitude qui se radicalise chez John Cage, auteur d'un ouvrage théorique appelé *Silence*[1] et auteur de concertos de silence. Face à l'auditoire, il entrait avec une pianiste qui s'installait, ils faisaient le geste de commencer à jouer et... demeuraient immobiles, figés dans un silence total. C'était la salle qui, traumatisée dans ses affects, à bout de nerfs, le rompait de diverses façons qui se terminaient toutes dans le brouhaha le plus total.

On fait du silence ce qu'on est.

Je voudrais simplement dire que certains des plus beaux silences collectifs, je les ai vécus à la fin de concerts de pop'music : après des heures de tempos effrénés, de chants magnifiques, de hurlements primitifs. Quand les Rolling Stones, ou David Bowie ou Lou Reed ou... cessent de jouer, quand leur cérémonie magique se termine, que leur chant musical est fini et que des milliers de gens rentrent chez eux, quittant le stade ou la salle de sports ensemble, heureux de ce moment de fête, purifiés par la catharsis, alors règne sur cette foule nocturne un silence enchanté, rythmé par les canettes de bière vides que l'on pousse du pied. C'est un silence certes très particulier mais très touchant car il indique un plus.

On fait silence de ce qu'on est.

1. Éd. Denoël.

Éloge du silence

La seconde crie et s'évade
De l'abeille ambiante et du tilleul vermeil
Elle est un jour de vent perpétuel
Le dé bleu du combat, le guetteur qui sourit
Quand sa lyre profère : « Ce que je veux, sera. »
C'est l'heure de se taire
De devenir la tour
Que l'avenir convoite [1].

1. René Char, *Les Trois sœurs,* La Pléiade, N.R.F.

Le langage des oiseaux

J'ai bâti ma maison dans le monde des
                                    hommes
Et pourtant je n'entends aucun bruit
                        de cheval et de char.
Veux-tu savoir comment cela se peut?

Un esprit détaché crée le silence
                            autour de lui.
Je cueille des chrysanthèmes au pied
                            de la haie.
L'air de la montagne est pur
                        dans le crépuscule
Et les oiseaux, par bandes, rejoignent
                            leurs nids.
Toutes ces choses ont un sens profond,
Mais, lorsque j'essaie de l'exprimer,
Il se perd dans le silence.

                        Tao Ch'ien (365-427).

Que cache le silence des animaux, des plantes? Pour répondre à cette question-là, je décidai de rendre visite à un de mes amis, Knud Victor, ornithologue danois qui depuis vingt ans vit comme un véritable ermite dans la montagne du Luberon et enregistre les sons de la nature et filme la vie de la nature. Un ermite de l'âge électronique à l'affût du chant du monde.

Il vit dans une ancienne ferme à demi en ruine, au sein d'une végétation encore farouche. Le paysage qu'on découvre derrière sa maison est de ceux qui vous donnent envie de rester assis pendant des heures à simplement contempler la nature dans sa fulgurance. Miracle permanent.

Grand, barbu, de manières rudes, sourire d'enfant, il nous accueille, cordial, et raconte qu'il y a une heure à peine des oiseaux étaient venus littéralement le chercher avec force piaillements, qu'il était allé voir, intrigué par leur manège, et qu'il avait été conduit à leur nid, tombé à terre probablement à cause du mistral, violent à ce moment-là, et attaqué alors par une grosse couleuvre. Après l'avoir chassée, il ramasse un petit par terre, encore vivant, et remet le nid en lieu sûr, en hauteur dans l'arbre. S'en retourne chez lui, suivi curieusement par les deux oiseaux qui continuent leur manège et leurs piaillements frénétiques. Il retourne vers le nid et, cherchant sur le sol, découvre deux autres petits oisillons qui s'étaient cachés dans un trou sous les herbes et, ne sachant encore voler, demeuraient blottis, désemparés. Il les prend doucement, les remet aussi dans le nid et s'en retourne. Les deux parents ne le suivent plus.

Nous nous installons à l'ombre d'un figuier et, après avoir quelque peu bavardé, je lui pose mes questions sur le silence. Il sourit, se tait quelques minutes puis répond :

« Le silence n'existe pas ; au fond, c'est une question d'amplitude. Mais il existe un silence relatif. Par exemple je suis venu ici en Provence, dans cet endroit, à cause de ce silence relatif qui me permettait d'obtenir des sons de qualité. Le chant des cigales tranchait très nettement avec le calme alentour, ainsi que tous les bruits d'animaux. Il y a vingt ans, la voix du paysan dans la vallée, les jours sans mistral, prenait une forme qui avait une proportion correspondant à la vallée, une forme structurelle qui se moulait sur ses formes. Maintenant, avec le niveau sonore ambiant qui a augmenté, cela ne se produit plus : il y a une route à grande circulation derrière la colline, beaucoup d'avions dans le ciel, des machines. Même si on ne les entend pas distinctement, tous ces bruits ont élevé le niveau sonore et le silence relatif a baissé.

— Tu me disais pouvoir entendre les fourmis marcher ?

— Oui, mais seulement dans des lieux où le silence

ambiant est assez fort. Tout le monde, avec une bonne oreille doit pouvoir alors y arriver...

— Tu entends donc le langage des fourmis, leurs signaux?

— Elles tapent leur abdomen sur le sol pour communiquer. Cela forme donc une percussion tout à fait audible. Les sons émis par les vers dans du bois peuvent aussi être interprétés en termes de percussion. Et comme en tout langage, il y a des silences entre les mots...

— Chez les cigales qui font " tse-tse-tse " avec leurs quatre ailes, il y a de grands moments d'arrêt, des silences dans l'émission de leur chant. Pourquoi?

— Elles reprennent souffle! (Rires.) En fait, plus la chaleur augmente, plus les cigales entrent dans le même rythme jusqu'à ce que surviennent des moments où on a l'impression que c'est une seule et même grande cigale qui chante. Dans une fournaise d'été, ce sentiment d'être comme en face d'un mur sonore vient de là. Mais qu'un petit nuage blanc couvre le soleil, toute l'intensité du son décroît, j'ai souvent constaté cela.

— Pourquoi chantent-elles, les cigales?

— C'est seulement le mâle qui stridule pour attirer la femelle. Mais j'ai aussi des enregistrements entre des mâles qui se font une guerre sonore. Au lieu de se battre corporellement, comme les fourmis par exemple, ils combattent avec leurs sons.

— Et les oiseaux? Ils chantent, font des trilles incroyables, puis, silence...

— On peut remarquer, et c'est ce que je cherche, un rapport poétique et rythmique entre les divers éléments sonores émis par les bêtes de notre environnement. Elles chantent, puis écoutent, se mettent en phase. Il y a même un rapport entre les espèces différentes : le grillon et l'engoulevent; entre une grenouille et un oiseau. J'aimerais bien croire qu'il y a une sorte de symphonie à l'œuvre dans la nature. Ainsi, je possède des enregistrements incroyables de beauté entre des oiseaux d'espèces différentes qui se répondent, peut-être pour simplement marquer leur territoire, mais dans une harmonie sonore étonnante...

« Mais je ne sais pas où commence et où finit le silence.

« Je me souviens d'un jour où on me prête un magnétophone sophistiqué à Avignon; je l'essaye, là-bas il marche impeccablement. Je le rapporte ici et, le soir, je le branche pour enregistrer quelque chose; j'entends alors un souffle terrible, on n'entendait que le moteur, il n'y avait rien à faire avec ça! Je le rapporte, on l'essaye, et rien, tout marche très bien, le son est parfait, même avec l'oreille collée à la machine je n'entendais que de très loin le souffle. Je le ramène encore ici et le même processus se reproduit! C'était donc le même moteur, seul le critère du bruit de fond changeait. Le silence ambiant en ville et ici, à la campagne, différait du tout au tout, d'où une perception des niveaux sonores complètement différente. Ce jour-là j'ai compris combien le silence est relatif. De plus le bruit du sang dans nos oreilles est très important. Quand il cache le bruit des autres sons, on croit que c'est le silence. Dans mon exemple, on peut dire que le bruit de fond d'Avignon ainsi que la tension créée par la ville et qui fait monter le niveau sonore du sang de l'oreille, tout cela concourait à relativiser les silences.

« Le silence est une notion tout à fait abstraite : cet été j'ai enregistré la parade sonore des moucherons à vinaigre ! Par rapport à leur taille, ce son est semblable à celui d'un tam-tam africain ! Tous les animaux font des bruits. Je dis toujours que chaque fois que deux corps de n'importe quelle matière se rencontrent, il y a son. Dès qu'il y a frottement, glissement, palpitation... il y a son. On croit que les vols d'oiseaux sont silencieux. Mais ils font un bruit terrible ! Les bruits de plumes sont énormes !

« Les fréquences sonores dans la nature s'avèrent très élevées. Tout fait bruit. Alors, peut-être faudrait-il aller hors de l'atmosphère terrestre, dans l'espace, pour trouver ces silences infinis qui nous effraient, selon le mot de Pascal. Mais peut-être aussi entendrait-on alors le bruit de nos propres molécules !

« Il y avait dans les années soixante-dix une chanson qui disait : "I can hear the grass grow", "J'entends l'herbe pousser". Cette phrase n'est pas une métaphore ! On peut, par exemple, très bien entendre la tension de la sève dans un arbre : au mois de mai il suffit de se mettre contre un bouleau, juste avant que les feuilles ne sortent, et on entend distinctement le bruit de la sève qui monte. On la perçoit davantage chez les bouleaux à cause de la texture de leurs fibres mais, avec des instruments perfectionnés, on pourrait écouter le bruit de la sève dans n'importe quelle branche ou feuille ou fleur !

« J'ai fait une expérience avec du matériel à filtres pouvant couper les fréquences hautes et basses. Et j'ai essayé de filtrer le silence, en éliminant donc le maximum d'ondes parasites. Eh bien le résultat s'est avéré terriblement frustrant. Ce silence-là créait une pression dans les oreilles tout à fait différente, cela ne collait pas! Ce n'était pas naturel et on pouvait le ressentir physiquement. Dans le silence il y a des fréquences nuisibles, infra ou ultrasons, qui n'étaient peut-être plus contrebalancées, cela créait un effet très curieux, à la limite du désagréable; j'avais obtenu un silence énervant! Du silence infect!

« Bon, évidemment, chez les animaux il y a le silence entre les sons et puis le fait d'être silencieux : en écoute, en sommeil... C'est là une autre notion. Mais un chat qui ne dit rien, on ne sait pas où il est. Il est là mais... que fait-il? Il vit comme les autres animaux, dans un univers que nous ne pouvons concevoir, nous, êtres humains.

« Toute une communication se fait sans cesse, regardez les oreilles d'un chat bouger, mais on ne sait pas vraiment comment elle est traduite et perçue suivant les espèces.

« Après toutes ces années je peux à peu près comprendre le langage des oiseaux, de la mère avec ses petits, de la femelle et du mâle. Ils emploient tout un tas de sons, parfois minuscules, qui tous ont un sens. J'ai enregistré et filmé des nids, année après année, et leur univers sonore est incroyable. Chaque nid est une basse-cour.

— Pourrait-on aller jusqu'à dire, en extrapolant, que toute circulation d'énergie fait du bruit, que nos pensées même font du bruit?

— On pourrait presque dire cela.

« Mais, pour moi, le vrai problème du silence et du bruit se situe dans le fait que, de saison en saison, je vois le seuil du bruit mécanique ambiant augmenter et le seuil des bruits animaux, diminuer. Depuis ces quelques dernières années j'ai vu plus d'une dizaine d'espèces disparaître. Même les cigales sont de moins en moins nombreuses et les petits ducs de plus en plus rares. Par contre, les grands ducs se portent de mieux en mieux...

— C'est parce qu'on ne les cloue plus sur les portes!

— Peut-être. Mais le silence relatif, toute cette atmosphère de la nature, change, inexorablement... »

Après l'avoir quitté, je me remémorais, sur le chemin du retour, cette curieuse expérience faite par un commissaire de police new-yorkais : il s'ennuyait un jour dans son bureau et s'amusa à brancher les électrodes de son détecteur à mensonges sur une plante, un brave « caoutchouc » qui se trouvait là. Et là, surprise, il s'aperçoit que la plante réagit à divers stimuli. D'abord elle fait bouger violemment l'aiguille du cadran quand notre homme découpe une de ses feuilles avec des ciseaux. Cela pourrait s'expliquer par le choc créé par la lame dans la matière organique. Mais la plante réagissait aussi quand l'esprit de l'homme manifestait, sans passer à l'acte, la volonté d'une action brutale, par exemple : je vais te brûler avec ma cigarette. Le seul influx silencieux de la pensée suffisait à amener une réponse vibratoire de la plante, traduite par l'appareil. Cette expérience, maintes fois reprise depuis, prouva que les végétaux « sentent » bien plus qu'on ne pourrait l'imaginer.

Leur silence est un état de conscience.

Pourquoi croyez-vous que les gens qu'on dit avoir

« la main verte » parlent, avec ou sans paroles, aux plantes qu'ils savent si bien faire pousser? Parce qu'elles écoutent, bien sûr! Et je charrie toujours mes amis végétariens en leur disant que les salades qu'ils mangent hurlent de douleur, même s'ils ne les entendent pas!

Arrivé à ce stade, il nous faut dire quelques mots de la notion d'information; car toute communication doit :
— transiter par un espace de silence relatif,
— ne pas être brouillée.

Et je me référerai pour ce faire à un entretien où le professeur H. Laborit, après m'avoir expliqué que ce sont les mêmes lois générales qui sont applicables à l'espèce humaine et toutes les espèces vivantes, ajouta :

« Il y a une notion d'information que le biologiste appréhende. Vous pouvez prendre un télégramme, que vous envoyez de Paris à Marseille et dans lequel vous dites : " J'arriverai par le vol AS 620 à Marignane à telle heure ", vous avez une certaine quantité d'énergie pour le faire parvenir, celle que vous avez dépensée, vous, pour l'écrire, le porter à la poste, celle que la buraliste sera forcée de dépenser, l'énergie électrique qui va le transporter à Marseille, l'énergie nécessaire pour le décoder, celle du préposé pour le porter à son destinataire, etc. On peut arriver à quantifier cela assez précisément. Mais prenez les lettres de ce télégramme, mettez-les dans un chapeau que vous secouez, et tirez-les au hasard, peu de chance, très peu de probabilité, comme on dit, pour que les lettres que vous avez tirées au hasard constituent un télégramme signifiant. Vous les mettez bout à bout, vous les mettez à la poste et vous aurez exactement la même dépense d'énergie, mais votre télégramme n'aura plus de signification pour celui qui le recevra. Donc, la façon dont les lettres, c'est-à-dire les éléments d'un ensemble, sont reliées entre elles est importante pour la signification du message.

— Est-ce cela ce qui distingue les structures vivantes des structures inanimées?

— Oui, les atomes de la matière inanimée sont tous dans la matière vivante. Diffère la façon dont elles sont réunies entre elles. La façon dont s'organise la structure vivante à partir d'atomes et de molécules est différente. Dans un cristal par exemple, un objet inanimé, un caillou, les atomes et les molécules se reproduisent toujours de la même façon. Il n'y a pas de *niveau d'organisation.*

« Vous pouvez découper dans la masse d'un cristal n'importe quel morceau, il aura toujours la même organisation ; alors que dans l'organisme vivant, si l'organisation d'une cellule est presque identique pour toutes les cellules à quelques différences près suivant la fonction qu'elles ont (une cellule nerveuse ne remplit pas la même fonction qu'une cellule musculaire ou qu'une cellule glandulaire), si l'usine chimique qui leur permet de fonctionner est toujours la même, par contre, ce qui change c'est que, à la limite de chaque cellule, il y a un *niveau d'organisation* qui fait un *organe différent* quelles que soient les cellules qu'il constitue. Vous obtenez alors là un organisme, donc de l'information. Je l'appelle l'information de structure, c'est-à-dire une mise en forme des éléments atomiques polymoléculaires. L'information fait que le tout est plus que l'ensemble des parties.

« Vous pourriez dissocier tous les atomes qui constituent votre organisme il n'y aurait plus d'organisme et pourtant il aurait encore là la même masse et la même quantité énergétique. C'est donc simplement l'organisation de ces atomes et de ces molécules entre elles qui fait que vous, c'est vous, et pas un éléphant. Donc c'est une question de structure, cela ne se pèse pas, cela ne se mesure pas avec un dynamomètre, c'est quelque chose qui a la ténuité de l'esprit, ce n'est pas matériel.

— Vous ne limitez pas l'être à l'organisme ?

— Il a besoin de la matière pour exister ; l'information, comme l'a dit Wiener, n'est ni masse ni énergie, mais elle a besoin de la masse et de l'énergie car s'il n'y a pas d'éléments à réunir entre eux il n'y aurait pas de réunion. Et cela nous permet de comprendre une deuxième chose particulière aux systèmes vivants : ils sont ouverts sur le plan de la thermodynamique, c'est-à-dire que vous ne pouvez pas vivre si vous ne vous alimentez pas, donc si vous ne prenez pas de l'énergie et de la masse. En cela vous usez de la matière, vous la dégradez d'énergie potentielle en énergie cinétique, vous rejetez des déchets, c'est donc là un système ouvert à l'extrême. Toute la biosphère, tous les systèmes vivants, quels qu'ils soient depuis les bactéries jusqu'à nous, sont un système ouvert puisque les photons solaires les pénètrent et sont dégradés. De plus, l'homme ne peut pas se nourrir de photons solaires en ouvrant la bouche, d'où l'importance de la photosynthèse et du recyclage chez tous les systèmes vivants, bactériens, animaux, végétaux, etc., des déchets que l'homme produit et que les autres êtres vivants produisent. D'ailleurs, la matière, la masse, serait insuffisante sur notre planète si elle n'était pas sans arrêt recyclée. Et si vous détruisez toute cette nature qui est entre le soleil et l'homme, vous aboutissez à la disparition de l'espèce humaine, ce qui risque de se produire aujourd'hui.

— Vous rejoignez les thèses de l'écologie ?

— Absolument. Sur le plan thermodynamique et sur celui de l'information, les systèmes vivants sont des systèmes ouverts. Au niveau de l'individu, ce sont des systèmes fermés sur le plan de la structure. C'est-à-dire que toutes les molécules, toutes les cellules de votre organisme n'ont qu'une finalité qui est celle de l'ensemble, vous maintenir en vie. Il n'y en a pas d'autre. Sans ça vous ne seriez pas en vie. Ce sont des lois qu'on devrait apprendre aux enfants, avant même celles de la table de multiplication.

— Vous dites que vous voyez la survie de l'espèce dans le fait que l'homme est le seul animal qui sache qu'il va mourir.

— Oui. Mû par la pression de nécessité, l'homme a toujours réagi jusqu'ici dans le sens de l'évolution et imaginé des solutions pour s'en sortir. Le problème aujourd'hui se trouve dans l'épuisement des ressources énergétiques, dans la destruction de la biosphère, la démographie galopante, tout ce qui fait que c'est la planète entière qui peut mourir. L'angoisse créatrice qui peut découler de cette prise de conscience-là sera salutaire. Il faut envisager la vie et la mort comme celles de l'espèce entière, de façon planétaire. C'est la seule issue... »

La nature n'est pas muette. Mais, espérons que, dans le silence de nos consciences, le message passe. Et j'aimerais, pour conclure ces témoignages, citer Guido Ceronetti, le Cioran italien qui écrit : « Si les modifications écologiques actuelles sont dues à des forces psychiques malignes en action dans notre monde (dans notre sphère), les combattre avec des moyens grossièrement matériels (le sophisme imbécile : la *bonne* technologie contre la *mauvaise*) ne peut servir qu'à nous faire bafouer par elles, parce que les moyens matériels et pratiques leur sont parfaitement indifférents. Ce qui pourrait les faire reculer est uniquement une rupture totale avec l'idée fixe dominante, à la suite de quelque prédication impensable, une conversion, une *teshuva,* qui agisse par les voies muettes sur les courants obscurs, brise des trames gigantesques de fils ; ou encore la présence prophylactique d'un certain nombre de justes très puissants, conscients du péril et occupés à déjouer le coup [1]. »

Je mets espoir dans cette conversion-conspiration.

---

1. *Le Silence du corps,* éd. Albin Michel.

La bibliothèque de Babel

Dans la lecture, l'amitié est soudain ramenée à sa pureté première... L'atmosphère de cette pure amitié est le silence, plus pur que la parole.

Marcel Proust, *Journées de lecture.*

(en hommage à J.-L. Borgès)

Dans un de ses articles, intitulé précisément « L'Écoute », Roland Barthes la définit comme un acte psychologique, l'audition proprement dite étant, elle, un phénomène physiologique : « Une écoute libre est essentiellement une écoute qui circule, qui échange et désagrège par sa mobilité le filet rigide des rôles de paroles. » Cette phrase attire l'attention sur un des rôles de notre silence vécu : nous l'avons dit, un mutisme désapprobateur, inquiet, absent ou distrait bloque la communication, la détourne de sa fonction d'échange et de participation ; tandis qu'une écoute attentive dans son silence, souple, intéressée, vraiment conviviale, permet un dialogue ouvert, évolutif. Il en est de même dans l'acte de lire.

Le rapport de communication établi avec nos livres, avec la lecture, baigne à tel point dans le silence que le Dr Tomatis a pu dire qu' « on lit avec l'oreille », aphorisme que Barthes complète avec son « j'écoute comme je lis ». Écrivant ces lignes c'est l'image de Montaigne qui se surimpose à mon esprit : vraie curiosité en éveil, en voyage et lors de rencontres, il glanait toutes informations utiles ; furetant dans sa bibliothèque, il laissait de même sa lecture courir de livre en livre, construisant sa pensée à l'aide d'associations libres. Dans ce double processus d'écoute d'autrui, il ne se rigidifiait jamais et laissait sa conscience butiner les fleurs du langage, écrit ou parlé.

Subtil et fascinant silence que celui d'une bibliothèque, d'une librairie où l'on s'est arrêté pour regarder couvertures, titres, pages que l'on feuillette, à l'affût de messages, de fulgurances, pages que l'on renifle presque, que l'on *sent* dans tous les sens du terme.

Le mot, même s'il n'est pas dit, est en effet son, image, couleur, odeur et texture.

Les linguistes Trager et Hall ont introduit un ensemble de termes s'appliquant à tous les types de communications y compris le langage. Ce sont, dans l'ordre : « les *séries,* les *notes* et les *schémas.* Les séries (mots) sont ce que l'on perçoit d'abord ; les notes (sons) sont ce qui constitue les séries ; les schémas (syntaxe) sont le moyen de rendre cohérentes les séries afin de leur donner un sens ». Et Hall remarque que si la série reste l'aspect le plus aisément perceptible chez l'homme, le schéma étant le plan organisé qui permet la compréhension, la note, elle, est « une abstraction, une illusion, presque un fantôme [1] ».

Car la distinction entre notes (sons) et séries (mots) devient confuse dès qu'on l'analyse. Prenons simplement le mot *mot* qui se divise en *m* : aime

o : eau

t : thé

1. Edward T. Hall, *Le Langage silencieux*, éd. du Seuil.

La première série a disparu pour donner une suite de sons, voyelles et consonnes, qui peuvent vouloir dire différentes autres choses. C'est la raison pour laquelle quand l'on dicte un nom, propre ou difficile, au téléphone, on se trouve obligé de dire : M. Freud, F comme Francis, R comme Robert, E comme Étienne, U comme Ursule et D comme Denise, pour se faire comprendre sans fautes.

Celui qui parle se trouve donc limité par le système de sa propre langue, par ses codes. La vraie communication se situe au-delà des mots, dans cette frange psychologique dont nous parlait Barthes, ce non-dit, plein de sens. Edward T. Hall reconnaît là l'impossibilité de toute analyse précaire du langage et conclut : « On peut appliquer à ce dilemme un principe analogue au principe d'incertitude en physique. Selon ce principe, l'observateur et son instrument sont inextricablement liés au phénomène observé. L'acte d'observation altère les conditions de l'observation. Plus nous poussons l'analyse des composantes linguistiques, plus les observations passées deviennent abstraites et imprécises. En d'autres termes, lorsqu'on travaille sur des données culturelles, on ne peut être précis que sur un seul niveau analytique à la fois et uniquement pendant une période déterminée. J'appellerai ceci " indétermination culturelle ". »

La signification des mots et phrases se situe au-delà de leur énoncé.

Ceci reste bien sûr valable dans la lecture. Comment va être perçu, dans un roman, tel imbroglio des passions ou telle description de caractères ? Chacun, dans le silence de sa lecture, y mettra son âme : ses réactions seront celles de son être propre qui vibre à sa façon, avec ses références, sa culture, son donné et sa propre recherche intérieure. Lorsqu'on parcourt un dictionnaire de citations, on en trouve d'intéressantes, certes, mais chacun d'entre nous pourrait élaborer son propre recueil, qui lui correspondrait parfaitement.

Des phrases importantes dans l'œuvre d'un auteur, par exemple celle-ci, célèbre, de Jean Cocteau : « en fin de compte, tout s'arrange, sauf la difficulté d'être qui ne s'arrange pas [1] », suscite un écho différent en chacun. Ceux qui aiment vraiment lire poursuivent leur méditation sur le sens de la vie à chaque moment de lecture volé au temps qui presse.

Face à un livre, nous sommes totalement seuls, plongés dans un silence absolu. Moment de grâce qui est à la fois fait d'oubli et de dérive dans les profondeurs abyssales de la psyché, récréation et re-création, spectacle d'un théâtre d'ombres, rêve qui se réfléchit en nous, communication qui s'établit à différents niveaux, suivant nos préoccupations et besoins. Discours polyphonique, lieu d'osmose étrange où celui qui lit n'est jamais dans le même univers que celui qui a écrit, lignes où les devenirs s'entrecroisent...

Et il faut citer ici la boutade d'Italo Calvino [2] à qui une femme dit : « Vous voudriez que je ne lise dans vos livres que ce dont, vous, vous êtes convaincu ?

« J'ai répondu : Ce n'est pas cela. J'attends des lecteurs qu'ils lisent dans mes livres quelque chose que je ne savais pas ; mais je ne peux l'attendre que de ceux

---

1. *La Difficulté d'être*, éd. du Rocher.
2. *Si par une nuit d'hiver, un voyageur*, éd. du Seuil.

qui attendent de lire quelque chose qu'eux, à leur tour, ne savaient pas. »

Les formes de silence que prend chaque lecture sont aussi innombrables que les situations à vivre.

Le silence lu : un contrepoint de la réalité sonore, lieu de réflexion sur soi-même et d'initiation au monde.

Prenons un ouvrage qui a marqué des générations, qui narre une quête mythique, le fameux *Voyage en Orient,* de Hermann Hesse [1] : un voyage symbolique qui est le nôtre car en nos rêves, lectures, visites de lieux divers, nous aussi traversons diverses époques, campons dans le Xe siècle et logeons chez les patriarches et les fées à l'intérieur des chambres de notre cerveau et, peut-être, de l'espace-temps que nous visitons ainsi. C'est la magie de l'œuvre qu'elle soit peinte, écrite, en pierre ou autre que de déclencher ce mouvement de l'esprit, cette résonance dans le silence, cet écho du temps et de l'expérience passée. Hesse dit : « Toute l'histoire du monde ne me paraît souvent rien d'autre qu'un livre d'images reflétant le désir le plus violent et le plus aveugle des hommes ; le désir d'oublier. » Oui, mais l'être est aussi taraudé par le désir de *retrouver.* D'où la quête.

Le but du voyage paraît différent pour chacun, porte absolue du Tao, ou du Graal, serpent magique Kundalini, princesse mystérieuse, compagne qu'il faut réveiller, chacun de nous est prince en cela, qui nous attend et qui nous éveillera, elle, à la vraie vie, celle du chevalier brave et au cœur pur qui habite le jardin secret de chaque femme... Toujours la destination et

1. Le Livre de poche ou éd. Calmann Lévy.

sa représentation diffèrent mais restent archétypiques : « ... Notre but n'était pas simplement l'Orient ou plutôt : notre Orient n'était pas seulement un pays ou quelque chose de géographique, c'était *(c'est toujours...)* la patrie et la jeunesse de l'âme. »

De tous temps, cette recherche de ce trésor commun caché en nous mais à découvrir sur les chemins de l'existence prend donc bien des formes qui ont été stylisées par les divers courants spirituels : la perle brillante du zen, la croix parfaite, la pierre noire de la Ka'ba, le vase sacré du Graal, le sourire énigmatique du Bouddha, tous ces miroirs qui symbolisent le passage de « l'autre côté », focalisent toutes les aspirations d'un au-delà qui serait perceptible ici même. Mais ils demeurent au premier abord muets, murés dans les dédales d'un silence à sonder avec foi. C'est nous qui les faisons parler, ces rêves singuliers d'enfants singuliers, et tous un peu fous, que nous sommes.

Hesse soulève aussi un autre problème qui est celui du silence de l'initiation, de toute initiation : pourquoi celle-ci doit-elle se cacher sous le sceau du secret ? Pourquoi garder dans le mystère un acte qui est censé faire avancer ? Est-ce nécessaire au dévoilement progressif de l'âme ? Peut-être. On n'est, en effet, mûr, pour un enseignement ou une expérience, qu'à certains moments. Est-ce utile à la cohésion de la secte, de toute secte ou groupe qui se disent pratiquer une initiation sous quelque forme que ce soit ? Oui. Certainement très utile. D'où cette méfiance que souvent le secret suscite, car n'est-il pas miroir aux alouettes ? Pourtant ce secret caché dans le silence est nécessaire, un temps, à l'épanouissement de la conscience, car il permet d'approcher le mystère qui est en nous.

Hermann Hesse dit encore qu'il croit « à la vertu du petit nombre... Le monde sera sauvé par quelques-uns ». Il est vrai que dans la vie comme dans les romans, les héros sont toujours rares et surprenants. L'histoire a, quoi qu'en disent Marx et ses émules, toujours été faite par quelques figures. L'humanité est en effet toujours sauvée mais aussi détruite par la volonté de quelques-uns qui tirent le mouvement global, vrais levains de pâte. Finalement quels sont les noms qui viennent à l'esprit quand on y pense ? Bouddha, Mao, Christ, Marx, Lao Tseu, Gengis Khan, Napoléon, Socrate, Churchill, de Gaulle, Gandhi, Mahomet, Ramakrishna..., plus quelques philosophes, poètes et dramaturges, quelques rois, ministres et guerriers. Et quelques « personnages en quête d'auteurs » le Cid, Tristan et Iseult, Merlin et Mélusine, le roi Arthur et ses chevaliers, le Petit Prince... Les grands bâtisseurs et destructeurs côtoient, en cette galerie de portraits illustres, les mystiques et sages inspirés. Finalement c'est toujours un idéal façonné dans le silence d'une conscience qui marque l'histoire, la meut et la génère...

> « *Avec tous les hasards grands ou minimes*
> *Qui incitent à... Mais le reste est silence* »,

ainsi conclut Hamlet, qui expire.

Et si écrire c'est « approcher les mystères sacrés de l'existence et se donner une chance de forcer les limites imposées à notre savoir » (Albert Béguin), l'ambition de l'acte de lire est la même. La transpiration en moins. Encore que, parfois, la lecture aussi s'avère une lutte, torture pour les méninges et broyage de l'être. Mais c'est surtout un rare bonheur.

Levant les yeux, je vois une lune encore pleine par ma fenêtre, qui luit à travers les branches d'un arbre. Seule une mouche virevolte, derrière moi, dans le silence de la bibliothèque. La lune dans cette branche est magnifique. Et je comprends pourquoi le poème qui est considéré comme le plus beau de la littérature japonaise se limite à deux mots, une interjection, un nom :

Oh, Matsushima...

Le poète fut si impressionné par la beauté de ce paysage légendaire au Japon et par l'île se détachant dans l'eau et le ciel, en face de lui, qu'il ne put rien dire de plus, muet devant l'ineffable beauté de cette nature. Mais l'on considère ce texte, ce silence, comme son chef-d'œuvre.

Difficile en effet de décrire cette belle lune qui luit à travers cette branche et faire partager les impressions subtiles qu'elle suscite.

Toute la force des poèmes traditionnels japonais appelés *haïku* vient d'ailleurs du non-dit :

Sans trace aucune
Le canard va et vient sur l'eau,
Jamais il n'oublie son chemin

écrit le grand maître zen Dogen, peu avant de mourir, dans ses poèmes du *San Sho Do Eï*. En quelques mots s'ouvrant sur le silence, le poète recrée l'osmose, fugitive, que l'on peut avoir avec la nature.

Car, ainsi que l'exprime Bachelard « les images sont plus fortes que les idées elles-mêmes... ». Et : « La poésie est une métaphysique instantanée. En un court poème, elle doit donner une vision de l'univers et le secret d'une âme, d'un être et des objets tout à la fois. Si elle suit simplement le temps de la vie, elle est moins que la vie, elle ne peut être plus que la vie qu'en immobilisant la vie, qu'en vivant sur place la dialectique des joies et des peines. Elle est alors le principe d'une simultanéité essentielle où l'être le plus dispersé, le plus désuni, conquiert son unité [1]. »

> *La nuit sombre*
> *Devient claire*
> *Le rossignol chante*
> *Seul d'abord*

Haikaï du matin. René Char disait : « Certains jours il ne faut pas craindre de nommer les choses impossibles à décrire. » Oui, car alors la charge seule des mots éveille chez le lecteur une image, à lui présente. Reflet du silence dit.

Je lis un reportage de Kenneth White sur les routes des territoires géographiques et mentaux [2]. Le chemin (étroit) du Nord profond voyage vers l'Hokkaido. A Shirakawa, site de l'ancienne barrière élevée jadis pour protéger le Japon civilisé des tribus barbares du

1. *Le Droit de rêver,* José Corti.
2. Dans *le Magazine littéraire,* dossier Japon.

122

Nord et où il était de tradition d'écrire un poème marquant le mythe de la frontière et du terrain inconnu, Ken note : « En fait, la tradition était si forte que beaucoup de poètes de chambre pondaient leur " poème de Shirakawa " sans y avoir jamais mis les pieds. Bashô, lui, est passé sans écrire de poème (il est des contextes " poétiques " où l'on préfère passer en silence...), mais dans le voisinage il avait entendu une jeune fille chanter dans une rizière, et c'est l'image de la jeune fille et la mélodie simple de son chant qui l'accompagnaient. Je suis passé à mon tour avec le fantôme du " vieux maître ", quelques notions nébuleuses en tête, et le cri noir des corbeaux. »

Le silence aide car il arrête le mouvement et donc l'éclaire. Il permet de créer une pause dans le discours, son propre mandala, de trouver son centre de gravité, de frayer une voie vers ce « si rare monde de jubilation » dont parle Michaux. Champ blanc, brillant,

Évidence du plein-vide, lieu du sens.

Barthes, dans *L'Empire des signes,* tout en avouant que n'étant ni surhomme ni chevalier de la foi, il ne lui reste qu'à tricher avec la langue, tricher la langue, écrit : « Tout le zen, dont le haïkaï n'est que la branche littéraire, apparaît ainsi comme une immense pratique destinée à arrêter le langage, à casser en nous cette sorte de radiophonie intérieure qui émet continûment en nous et peut-être ce qu'on appelle, dans le zen, *satori* et que les Occidentaux ne peuvent traduire que par des mots vaguement chrétiens (illumination, révélation, intuition) n'est-il qu'une suspension panique du langage, le blanc qui efface en nous le règne des codes, la cassure de cette récitation intérieure qui constitue notre personne ? »

Mais ce que Barthes ne voit pas, c'est qu'il n'est pas nécessaire d'être chevalier de la foi ou surhomme pour entrer dans cet état et le vivre, nullement panique mais bien plutôt océan de calme, et qu'en cette stase se trouve et se dévoile la profondeur même de notre personne, la face cachée de l'iceberg ou de la lune.

D'où cette impression de *totalité* qui s'en dégage et que le silence ouvre. Totalité intérieure mais aussi extérieure. Dans *Une apocalypse tranquille*[1], Kenneth White rapporte une phrase d'un medicine man indien, recueillie lors d'un autre voyage : « Tout d'un coup nous étions seuls au milieu d'une immense plaine blanche, et de hautes montagnes couvertes de neige nous dévisageaient. Un grand silence régnait — mais il y avait des chuchotements... » Et commente : « C'est le *wichasa wakan* (homme du sacré) d'une tribu de Sioux qui parle ici de sa grande vision, sa vision d'hiver. Pour l'Amérindien, l'hiver, loin d'être une saison frappée d'absence et de négativité est " la saison des secrets ". Le silence vide d'un paysage de neige invite à la concentration, à la méditation et offre la possibilité d'un épanouissement.

« C'est cette force et cette ampleur qui manquent à l'homme moderne. Ballotté entre les bureaucraties et les cirques, entre l'ennui et la distraction, incapable de se retrouver dans une civilisation sans culture profonde qui s'efforce de combler, ou du moins de camoufler, son manque fondamental en faisant beaucoup de

1. Éd. Grasset.

bruit, le citoyen fuit tout ce qui ressemble au vide, où il pourrait, peut-être, rencontrer et contempler son " visage originel ", et se complaît, plus ou moins satisfait, mais jamais heureux, dans une médiocrité " bien remplie ". »

La lecture est souvent une aide pour commencer de transcender cet état, et sortir du bruit pour aller à la découverte des arcanes du silence. Il est des livres qui favorisent plus cette méditation que d'autres. A chacun les siens.

Il faut parler du silence au sein même des livres. D'abord dans le style : l'écriture elliptique, l'imprécision dans la représentation, les dialogues hachés, les fameux trois points... autant de non-dits qui appellent à la participation en laissant des blancs, des vides textuels que la conscience du lecteur peut occuper à sa guise. Manques à combler mais qui font partie intégrante de la composition de l'ensemble.

Existe aussi le rapport entre le silence et le temps, créé par la description de diverses situations où la durée s'accélère dans la narration, par un enchaînement de faits, tandis que le héros reste presque immobile, spectateur muet du déferlement de circonstances et de sensations qui envahissent son cadre vital.

Le meilleur exemple se trouve dans *L'Étranger* de Camus, où Meursault baigne à la fois dans l'action, qui se déroule presque hors de lui, et dans le silence. Dans ce best-seller mondial, tout le monde est silencieux : le père, la mère, les Arabes, l'aumônier et le narrateur. Les paroles échangées sont des indications brèves, ou des cris. La scène du meurtre elle-même se trouve inexorablement dominée par le silence des regards, silence dans un soleil de fièvre, contact paradoxal, menaçant et dérisoire, que seul rompt et tue le revolver qui crache sa balle « dans un bruit à la fois sec et étourdissant », tandis que le ciel s'ouvre, au moment où Meursault appuie sur la gâchette, « sur toute son étendue pour laisser pleuvoir le feu ». Rupture totale, annihilation qui mène à un nouveau silence, celui de la victime, à un nouveau mutisme, celui de Meursault, à présent seul avec ses pensées, ses compagnons de cellule et ses visiteurs, jusqu'au cri final, à plein gosier, qu'il jette, déverse avec « des bondissements mêlés de joie et de colère », sur l'aumônier, en l'exhortant de ne pas prier avant son exécution à lui, de ne pas le déranger avec ce discours creux, autre vide, intolérable car ne comblant pas le sien.

L'indicible rejoint le dicible. S'osmose à lui, sans cesse, dans le drame comme dans la joie.

Parlant de Flaubert, Proust écrit : « A mon avis la chose la plus belle dans *L'Éducation sentimentale,* ce n'est pas une phrase mais un blanc [1]. » Et Mallarmé dit qu'il faut créer avec les mots « une muette orchestration écrite ».

Bien des auteurs et critiques rappellent qu'en substance « le pouvoir du visible est dans l'invisible » (Moore), ce qui se voit, se dit, est riche de ce qui ne se voit pas, ne se dit pas, toute-puissance de la suggestion. Les silences de Duras, dans *L'Amant,* pour prendre le plus connu de ses livres, ralentissent le temps jusqu'à en donner une dimension suraiguë, temps où les gestes se détachent, crus mais presque irréels, créant une atmosphère qui fit le succès de ce livre et

1. *Contre Sainte-Beuve,* La Pléiade.

illustre la formule de Sartre : « Le style c'est le silence du discours, le silence dans le discours, le but imaginaire et secret de la parole écrite. »

Toute la force d'une œuvre est dans ce que l'écrivain sait suggérer d'innommable.

On peut remarquer aussi que « les fantasmes, collectifs ou personnels, sont de l'ordre du silence. Ils sont au centre du Nouveau Roman, non pas en tant qu'objet d'une description directe, qui serait pervertie d'avance, mais comme un noyau vide autour duquel l'écriture gravite [1]. »

Certains livres se passent dans un silence dont les épaisseurs varient d'intensité : ainsi, *Le Silence de la mer* de Vercors, où seul l'officier allemand parle dans un silence sans réponse de la part de l'homme et de la jeune fille, sa nièce, hôtes forcés, silences qui se prolongent, envahissent la pièce et la saturent jusqu'au fond des angles et qu'ils mesurent tous, sans cesse, lors de ses visites des soirs de cet hiver de guerre, avec le drame intime qui se noue et lie les trois personnages jusqu'à l'adieu final, adieu, seul mot accordé, en ce texte, à l'amour impossible.

Plus loin encore dans la description des atmosphères de silence va le magnifique *Rivage des Syrtes* de Julien Gracq, où l'antique lagune baigne dans l'attente, à la lisière des mondes et du choc des civilisations. Mais nous pourrions citer aussi Beckett, Le Clézio, Kafka, Michaux, Joyce, Bataille, Klossowski, Céline qui, tous, repèrent les franges de ce silence

1. Pierre van den Heuvel, *Parole, Mot, Silence*, Librairie José Corti.

perçu comme la forme d'énonciation la plus pure, la plus secrète, la plus évidente. Et Bosco, qui voit la masse bleuâtre du Luberon qui me fait à présent face au-delà des arbres et de la plaine, dans le jour levé, comme « une puissante arrière-pensée ». Et Edgar Poe et tant d'autres pour qui : « il y a un silence à double face — mer et rivage — corps et âme ». Pour tous les poètes, « seul le silence est grand, tout le reste est faiblesse » (A. de Vigny), poètes qui, tous, font face et se recueillent devant le Gouffre cher à Baudelaire, comme s'ils voulaient réveiller en nous quelque chose d'inconnu qui est toujours là et jamais là, mystère ultime :

Pascal avait son gouffre, avec lui se mouvant.
Hélas! tout est abîme, action, désir, rêve,
Parole! et sur mon poil qui tout droit se relève
Maintes fois de la Peur je sens passer le vent.
En haut, en bas, partout la profondeur, la grève,
Le silence, l'espace affreux et captivant...
Sur le fond de mes nuits Dieu de son doigt savant
Dessine un cauchemar multiforme et sans trêve.
J'ai peur du sommeil comme on a peur d'un grand trou.
Tout plein de vague horreur, menant on ne sait où;
Je ne vois qu'infini par toutes les fenêtres,
Et mon esprit, toujours du vertige hanté,
Jalouse du néant l'insensibilité.
Ah! ne jamais sortir des Nombres et des Êtres[1] *!*

---

1. Charles Baudelaire, « Le Gouffre » in *Les Fleurs du mal*.

Chaque écrivain a sa façon de parler de ce silence qui « est aussi plein de sagesse et d'esprit en puissance que le marbre non taillé est riche de sculpture » (Aldous Huxley), mais qui « peut être parfois le plus cruel des mensonges » (R. L. Stevenson), suivant la situation où il est employé.

Ce discours du et sur les états de silence, n'est-ce pas au fond une façon de prendre en charge, en vécu, en énoncé, cette remarque de Martin Heidegger dans *Acheminement vers la parole*[1] : « L'Être attend toujours que l'homme se le remémore comme digne d'être pensé ? »

Adolescent de seize ans, je dus passer plus de quinze jours hospitalisé. Visites et soins me laissaient de fort vastes espaces de silence que je comblais en lisant *Choses Vues* de Victor Hugo et les cinq livres de la geste de Rabelais. Ce qui me frappa le plus fut ce curieux passage dans le vingt-troisième chapitre de *Pantagruel* où le héros reçoit, de la part d'une ancienne amie, une missive vide, page blanche, message parfait ouvert à tous les possibles. Cela m'avait profondément impressionné. Et j'y ai vu exprimé cet Aleph cher à J.-L. Borgès, lieu-lien unique où se rejoignent présent, passé et futur. Silencieux moment de l'origine.

Page blanche sur laquelle peut s'inscrire le mot, la parole, le son. L'être-dit.

1. Éd. Gallimard.

Le sens du dessin

Quel artiste ne voudrait s'établir là où le centre organique de tout mouvement dans l'espace et le temps — qu'il s'appelle cerveau, ou cœur de la création — détermine toutes les fonctions?

Paul Klee, *Journal.*

Aimant écrire et travailler très tôt le matin, je ressens souvent le besoin de faire une courte sieste après le déjeuner. Le sommeil n'est pas alors forcément nécessaire et le fait de s'allonger une demi-heure dans une pièce au calme s'il fait trop froid ou pluvieux, ou de s'asseoir dehors sur une souche d'olivier, dos contre son tronc, suffit amplement pour régénérer le corps et l'esprit. C'est là une autre façon de faire silence, qui coïncide avec l'arrêt du geste physique et du mouvement psychique.

Dans cet état relaxé, une sorte d'engourdissement envahit l'être, dans lequel surnage, seule, une pointe de conscience diffuse mais très claire, très pure, comme le ciel bleu atteint par un avion au-dessus de la couche de nuages.

Les bruits de l'environnement parviennent alors de très loin, comme si l'immobilité nous éloignait d'eux, en intercalant une nouvelle zone de silence, un espace où ils se détachent les uns des autres, comme des tracés isolés sur une toile au fond vierge.

Parfois le sommeil arrive. On tombe alors dedans, il recouvre. Mais, pour être reposant, il doit être bref, juste le temps de lâcher prise. Car si on se laisse s'enfoncer complètement en lui, c'est un véritable abrutissement qui attend le réveil, long et pénible, et qui distord le temps de l'après-midi. La rend difficile et trébuchante. La brouille jusqu'au soir.

Le génial Dali avait bien vu cela qui, dans ses conseils à un jeune peintre, donne avec son *secret numéro trois* un amusant exemple de sieste courte et efficace, qu'il faut résumer ici. Il l'appelle « le sommeil avec une clé [1] ». Pour le pratiquer il faut s'installer confortablement dans un fauteuil avec des accoudoirs de façon à ce que les deux mains pendent en dehors. Le pouce et l'index de la main gauche doivent tenir une clé, assez lourde, qui sera ainsi suspendue dans le vide au-dessus d'une assiette préalablement déposée par terre. Ayant terminé tous ces préparatifs, « vous n'aurez qu'à vous laisser envahir progressivement par le sommeil serein de l'après-midi, comme la goutte spirituelle d'anisette de votre âme montant dans le cube de sucre de votre corps. Lorsque la clé tombera de vos doigts, le bruit de sa chute sur l'assiette retournée vous réveillera sûrement, et vous pouvez être sûr également que ce moment fugitif, où vous avez à peine perdu conscience, et pendant lequel vous ne pouvez pas être certain d'avoir dormi, est entièrement suffisant vu que vous n'avez pas besoin d'une seconde de plus pour que votre être physique et psychique tout entier soit revivifié par le repos juste nécessaire. C'est exactement ni moins ni plus ce dont vous aviez besoin avant d'entreprendre vos vertueux labeurs de l'après-midi. Si, par contre, faisant la sourde oreille à l'appel de votre clé, vous persistiez

1. *Cinquante secrets magiques,* éd. Denoël.

encore un quart d'heure, ou même quelques minutes, ceci nuirait à votre travail car ces quelques minutes de paresse suffiraient, à elles seules, à vous " réduire à l'esclavage" par leur lourdeur pour le reste de l'après-midi. Il est bien connu qu'afin de secouer le sommeil d'une sieste, même très courte, il est nécessaire d'avoir recours à de violents efforts physiques ».

Seul l'instant où le mental, et donc le corps, lâche prise se révèle essentiel pour se requinquer. L'attention volontaire peut remplacer valablement la clé dalinienne : il suffit de donner des ordres strictes à sa conscience de veille pour qu'elle vous obéisse fidèlement dans l'état de sommeil, les réveils naturels à l'heure fixe décidée en demeurant le meilleur exemple.

Dans la série des techniques du silence, Dali en dévoile une autre qui a trait à ce moment crucial qui sera le plus propice pour *« commencer un tableau sans y toucher »*. Boutade du génie de Cadaquès ? Non. Tout créateur sait qu'avant d'engager l'œuvre, un moment, qui est fait de concentration, de recueillement, d'ouverture au silence, fait de nudité face à la réalité précisément présente, s'avère indispensable. L'écrivain devant sa page, le musicien face à son instrument, chaque technicien devant sa machine ou son outil pouvant appliquer à leur façon ce conseil de Dali aux apprentis peintres : « Vous ne ferez rien d'autre que d'aller vous asseoir devant votre toile et contempler longuement sa surface intacte et blanchissime, comme si vous la regardiez dans le propre blanc de ses yeux. Vous la contemplerez longuement, longuement, sans allumer aucune lumière, pour qu'enfin, en vérité, vous ne la voyiez presque plus. Elle pâlira progressivement jusqu'à ce que, la nuit étant venue, vous ayez complètement cessé de la voir ou que vous ne soyez plus que vaguement conscient de la place qu'elle occupe.

« Continuez ainsi à la regarder encore, sans remords, pendant un bon, long, nouveau quart d'heure car c'est ainsi que votre esprit travaillera le mieux et le plus décisivement... »

Il est vrai que dans ce moment privilégié où instrument de la création et créature ne font qu'un, l'alchimie de l'inspiration se produit, même si elle n'est pas immédiatement suivie d'effet. Car les racines de l'œuvre poussent de façon inconsciente dans ce moment de silence vécu en pleine lucidité.

Georges Braque, parlant de son art, disait : « Le tableau est fini quand il a effacé l'idée. » Je comprends bien ce qu'il voulait signifier. Tous les peintres s'essayent, difficilement, de vivre et de créer « exclusivement pour le culte intérieur d'une beauté cachée et mystérieuse que nous avons en nous-mêmes », ainsi que le souhaitait Georges Rouault. Et chaque toile, chaque œuvre commencée, est comme un essai d'atteindre une image parfaite, ou voulue telle, afin de la révéler au monde tout en exprimant la vision du peintre. Une fois que l'idée qui sous-tend la vision est dépassée, car réalisée, on passe à une autre œuvre, qui se situe encore au-delà.

Chaque tableau est une étape d'existence. « Quoi qu'on fasse, c'est toujours le portrait de l'artiste par lui-même qu'on fait » (Giono). Un résumé d'état existentiel momentané. Une autovision : une pomme de Cézanne nous révèle Cézanne, une godasse de Van Gogh, un Van Gogh. Dans un musée ou un atelier, ou chez des amis, chaque toile que nous contemplons, aussi brièvement ou longuement que cela soit, dans un moment de silence, est le portrait d'un fragment d'être, d'une vision projetée. Elle nous appelle alors, en un instant hors du temps, comme un cri, qui peut, de la joie à l'horreur, prendre toutes les tonalités du cri.

Paul Valéry avait bien perçu que « le dessin donne sensation de la volonté et la couleur, magie [1] ». Le trait dans l'espace qu'il encercle est le tracé d'un vouloir qui dirige notre regard et chaque couleur dans son mélange vibre et fait vibrer nos sens, notre être. Il existe, dans le moment où on regarde un tableau, une ouverture à l'énergie de la genèse qui, en un clin d'œil, nous ramène à l'origine de la création, ce chaos qui s'ordonne.

Une toile de Pignon sur la guerre, par exemple, me plonge tout d'abord dans le chaos primordial, barbouillée de couleurs jetées, violentes, anarchiques, et provoque le même mouvement de répulsion qu'une poubelle déversée sur le sol, dans la puanteur de laquelle bourdonnent les mouches. Mais, continuant à la contempler, j'y suis bien obligé me trouvant souvent à table en face d'elle chez un ami, le sens profond de ce tohu-bohu s'éclaire et j'entre dans la vision du peintre qui a clamé son horreur du crime permanent contre l'humanité et brossé cette fresque sanglante. Maints détails m'apparaissent qui, d'abstraits, prennent forme, deviennent réels. Mon imaginaire réagit à celui de l'artiste et, dans le silence attentif de mon regard, son œuvre m'enseigne tout en pénétrant mon champ de conscience.

1. *Cahiers*, La Pléiade, N.R.F.

La première fois que j'ai vu un vrai Van Gogh, était-ce au musée de Bâle ou de Genève? je ne sais plus, mais c'était lors d'un voyage en Suisse, je suis littéralement sorti hors de moi-même comme une porte de ses gonds. Je devais avoir dix-huit ans et connaissait la production de l'homme à l'oreille coupée par reproductions et cartes postales diverses. Dans ma chambre, j'avais même affiché sur un coin de mur l'image de son soleil tourbillonnant, soleil dément.

Mais le fait de *voir* sa peinture me fracassa. Ces gros tas d'aquarelle qu'on dirait frénétiquement pressée du tube et étalée en couches si épaisses qu'on se demande comment elles tiennent et ne se détachent pas du support, cette façon de plaquer la couleur et de torturer le trait qui fait que, à trente centimètres du tableau, l'on ne reconnaît plus rien qu'un amalgame de reliefs tourmentés dans des teintes beuglantes, et qu'il faut se reculer d'un, deux pas, pour retrouver quelque peu l'image vue dans les livres, cette création éclatante véritablement unique, me donna ce beau jour-là un violent satori. Je m'éveillai alors à l'œuvre peinte et compris l'importance d'aller regarder des tableaux là où ils sont car ils n'ont rien à voir avec l'image imprimée, sinon une vague ressemblance.

C'est physiquement, et dans un silence réceptif, qu'il faut appréhender la peinture afin qu'elle nous saute aux yeux et à l'âme. Cri d'être.

Un tableau est absolue réalité. L'effort dont il est issu est celui d'un démiurge qui a fécondé de sa peinture jaillissante la matrice de la toile blanche. Contempler une œuvre d'art tient de la jouissance : cela nous épure, nous projette dans un autre état, nous métamorphose. Et la seule chose qu'on puisse faire devant elle c'est se taire, ou chanter.

Dans un autre style, à la National Gallery de Londres, il est un chef-d'œuvre pour lequel je donnerais tout ce musée : le *Saint Georges terrassant le dragon* attribué à Ucello. Lui aussi, je l'avais épinglé dans un coin de ma chambre de lycéen, c'est un symbole de dépassement qui me parle. Et là, devant l'objet, surprenant tellement il est tout petit, de la taille de mes deux mains, je reçus comme deux poings dans la figure, ou deux cris, celui de guerre du chevalier qui transperce la bête en poussant un franc et terrible kiaï de samouraï, celui du serpent à pattes qui hurle dans un gargouillis horrible sa douleur d'être cloué au sol par la lance qui le traverse, l'ensanglante et le trépasse.

Sortie d'un tableau de quelques centimètres carrés, la charge guerrière, d'un effet fantastique, se déroule aussi présente que la mise à mort d'un taureau dans l'arène. Et la jeune femme qui tient le dragon en laisse sublime le tout.

Parlons des nus, de la sensualité de tous ces nus qui, de Rubens à Modigliani, de Renoir et Manet à Klimt et Schiele, de Goya au Douanier Rousseau, de Botticelli à Max Ernst pour ne citer que quelques grands qui, tous, nous montrent la femme dans son intimité saisie, non palpable mais découverte dans sa grâce, dans sa luminosité, dans cette irradiation qui, du féminin, fait le reflet et leur charme. Courbes, ombres, veloutés des peaux, regards, gestes, leur immobilité saisie dit tout, sans avoir besoin de paroles.

Et toutes ces vierges à l'enfant, avec la fresque scénique qui les entoure! Elles marquent à chaque fois un double moment d'histoire. Celui de la Nativité qui fonde à chaque instant l'espèce dite humaine et celui du moment de l'espace-temps où fut peint le tableau. Dont les détails et expressions nous imbibent. Face à toutes ces œuvres je suis un buvard dont le tableau est l'encre.

M'étant occupé à deux reprises dans ma vie de galeries de peinture, j'aime les fréquenter (hors des cocktails, dans ces heures de fin de matinée ou début d'après-midi où il n'y a presque personne) comme j'aime les ateliers des peintres où l'on surprend la création en train de se faire et de se mélanger à la lumière, et aussi les musées avec leur odeur de silence, tous ces lieux ou l'amoncellement des œuvres nous rend légèrement ivres et, comme le peyotl, nous donne des yeux émerveillés, ce qui est le plus beau cadeau qui soit. Car l'art rend visionnaire.

L'un de ces lieux, assez méconnu, se situe en plein cœur de Paris. Il s'agit du musée de Cluny, au carrefour des boulevards Saint-Michel et Saint-Germain, palais du XVIᵉ bâti sur les fondations d'anciens thermes romains dont on voit les ruines au sous-sol. Les salles des étages mènent toutes à un centre qui est l'un des lieux de silence parmi les plus forts au monde, un vaste espace rond où se trouvent les tapisseries de *La Dame à la Licorne.* J'ai, depuis ma première visite, considéré ce lieu comme le vrai centre initiatique de Paris, bien plus que la tour Saint-Jacques chère à André Breton et qui me laisse de glace; la cathédrale Notre-Dame, elle, nef renversée voguant sur les cieux et leurs nuages, demeurant l'incontesté centre mystique de la capitale. Chaque ville a ses centres, qu'on peut découvrir, au gré de nos sentiments, de notre intuition et de notre regard, plongé en ce que les Anglais appellent le *feeling*. Pas celui des autres, le nôtre, si particulier.

Lorsqu'on pénètre dans cette rotonde de Cluny par l'une des deux entrées, là encore le spectacle est époustouflant de puissance silencieuse. Ces vastes tapisseries, dédiées aux cinq sens, dégagent une onde incroyablement forte, qui laisse pantois. J'y ai conduit toutes les femmes que j'ai vraiment aimées (fût-ce fugacement) et quelques amis. Tous furent surpris, interloqués, envahis. Pourtant, je l'ai souvent remarqué, la plupart des Parisiens du petit monde de la culture ignorent sinon l'existence de ce lieu, en tout cas sa présence. Sa pulsation géante...

Il y a dans chaque œuvre d'art un espace secret, j'allais dire sacré, qui la traverse et dont elle est le support, espace caché qui ne se montre, au-delà des sens, qu'à celui qui sait la découvrir car il a su mettre son être à son diapason, en accord... avec l'énergie créatrice. « La force de ce qui crée ne saurait recevoir de nom. En dernière analyse elle reste mystérieuse. Ce n'est pas en tout cas un mystère qui puisse ne pas nous ébranler jusqu'au tréfonds. Nous ne pouvons l'exprimer. Mais nous pouvons aller à la rencontre de la source *(die Quelle)* aussi loin que c'est possible, précisément [1] », disait Paul Klee, peintre qui se vivait « abstrait avec des souvenirs ».

Nous voici donc revenus à la source de l'acte, à l'ori-

1. *Das bildnerische Denken*, Bâle 1964, 2e éd.

ginel. La source qui sort du roc, quel bruit fait-elle avant de jaillir ? Nous ne le percevons pas.

De même, que voyons-nous et que voit le peintre dans un paysage ? La plus belle réponse appartient à Malévitch :

« Nous disons " quel paysage merveilleux ", nous le disons parce qu'on voit l'horizon dans la profondeur du lointain, couvert d'un bleu au travers duquel apparaissent des montagnes, des forêts, des lointains, qu'en bas, au milieu des prairies, court une rivière, que sur elle glissent des barques, que dans un pré s'avancent des gens qui s'épanouissent en habits de couleurs [1]... » Mais que voit donc le peintre, lui, dans un tel paysage ?

« Il voit le mouvement et le repos des masses picturales, il voit la composition de la nature, l'unité des formes picturales variées, il voit la symétrie et l'accord des contradictions dans l'unité du tableau de la nature. Il reste immobile et est transporté par le courant des forces et leur entente. C'est ainsi que la nature a construit son paysage, son grand tableau multilatéral de la technique, contradictoire avec la forme de l'homme — elle a lié les champs, les rivières et les mers et grâce à la forme humaine elle a pulvérisé le lien entre les animaux et les insectes, elle a formé ainsi une gradation de formes sur sa surface créatrice. *C'est une telle surface créatrice qui est apparue devant l'artiste créateur : sa toile, le lieu où son intuition construit le monde...* », lieu où il rêve à nouveau le monde.

---

1. *De Cézanne au suprématisme,* éd. L'Age d'Homme.

L'esprit de la religion réside, pour Hegel, dans « le vouloir être tout ». Se retrouve là l'essence de la démarche de l'artiste, ce Prométhée attaché par le roc de la forme.

L'être et le néant (le vide et la forme) s'engendrent l'un l'autre, disent Lao Tseu et le *Sutra de la grande sagesse* bouddhique. Cette notion, perceptible en tout processus créatif, se retrouve évidemment illustrée dans son absolu par la calligraphie chinoise et japonaise où le trait, jaillit de rien, fuse, noir, du pinceau et du geste et emprunte l'espace, blanc, du papier, vite, avant de repartir et disparaître dans le vide. Rythme du faire et du non-faire. Intervalles du là et du pas là. Le spectateur se situe à leur frontière.

Entre chaque battement de cœur court le silence.

L'art « ne se destine lui-même en propre qu'à rendre visible. Quoi ? L'invisible du visible... c'est en se comportant à l'être à partir du Rien, où elle se tient, libre pour l'Ouvert, que l'œuvre d'art, antithèse de l'angoisse — ou que le rythme, antithèse du vertige — accomplit ce que Heidegger appelle *le miracle des miracles : à savoir que l'étant est*[1] ».

Devant toute œuvre, il faut être là, présent dans le sens du *Dasein* de Heidegger, présence absolue qui « signifie avoir sa tenue dans le néant ». Le vrai maintien est de rester silencieux dans le regard qu'on porte sur l'objet né de la main d'un être. Cela veut qu'on se situe aussi dans ce que Kandinsky appelle le « principe de la Nécessité intérieure[2] », cette ouverture,

1. Henri Maldiney, *Art et Existence,* éd. Klinchsieck.
2. *Du spirituel dans l'art et dans la peinture en particulier,* col. Médiations, éd. Denoël.

cette béance en soi qui permet l'entrée, l'intrusion d'une énergie autre.

Et si « l'artiste peut utiliser n'importe quelle forme pour s'exprimer [1] », le spectateur, lui, peut utiliser n'importe quel genre d'expression artistique pour écouter ce que l'art doit lui dire. La question du choix reste personnelle.

Mais, s'il est vrai que l'artiste crée sa pâte et sa figuration avec les fibres de sa chair, de ses entrailles et de ses humeurs, celui qui regarde son œuvre la contemple aussi à partir de la somme des éléments qui le compose, lui. Somme qui fait un bruit tel qu'il faut d'abord le faire taire, ce bruit du karma, avant que l'écoute, la rencontre, l'osmose en l'essentiel ne se réalisent. En nous, spectateurs.

Pourquoi y a-t-il quelque chose plutôt que rien? La réponse est alors devant nous.

Tout dépend du regard.

De même que la photo est cliché, reproductible à l'infini, d'un instant unique car il ne se produira jamais plus, l'œuvre d'art est comme le moulage d'un effort d'absolu. Unique. Qui, dans un détail, un reflet, a voulu saisir l'insaisissable...

1. *Ibid.*

Images du sacré
et mémoire des ruines

... aurais-je vraiment goûté la vie
si je n'avais fait qu'entendre ou parler,
le très précieux de ce que je sais reste
entaché de silence.
Non, le monde ni l'expérience,
ni la philosophie ni la mort
ne se laissent enfermer
au théâtre, dans le tribunal,
ni dans une leçon.

Michel Serres, *Les Cinq Sens*.

L'image la plus forte que je garde d'un voyage en Afghanistan, c'était durant l'hiver 1972 et seules quelques jeeps de modèle russe témoignaient alors de leur influence, l'image la plus prenante retenue reste celle du geste de la prière croisé sur les chemins. Face à des cirques de montagnes imposantes, nous rencontrions sans cesse des Afghans barbus, enturbannés, vêtus de guenilles multicolores, qui abandonnaient un instant leur inséparable fusil pour dérouler un petit tapis sur le sol rocailleux, lieu du temple, et, tournés vers La Mecque, se prosternaient.

Il faisait froid sous le ciel bleu, radieux, moins dix, moins quinze, et eux, cinq fois par jour, arrêtaient leur marche et priaient. Sans mots.

C'est en Afghanistan que j'ai compris ce que le terme de noblesse signifiait car, de leur maintien, leurs gestes, leurs regards, de leurs loques rapiécées avec soin, de leur hospitalité si riche dans sa misère, se dégageait une dignité que je n'ai plus jamais rencontrée. Et je sais que, sous les bombes à fragmentation, malgré la faim qui tient le ventre, malgré la guerre injuste qu'ils finiront un jour par gagner car ils vivent en accord avec leurs montagnes comme les

Viets vivaient en accord avec la jungle, en accord avec l'esprit du lieu, malgré toutes les épreuves, ils continuent à prier ainsi. A se prosterner devant le mystère de la création. A s'incliner devant ce qui les dépasse.

Il suffit d'un tapis pour faire un temple.

Comme en témoignent maints vestiges au Sahara, il suffit d'un cercle de pierres dans le désert.

On peut y ajouter quatre murs et un toit et la porte, pour l'acte d'ouvrir et de fermer.

Nul besoin de statues, d'images, sinon pour symboliser le centre du lieu et celui qui est en nous. De même pour l'autel qui n'est jamais aussi plein et présent que lorsqu'il est une table de pierre nue.

Le Deutéronome (XXVII, 5) et le livre des Rois (I, VI, 7) prescrivent de ne prendre que des pierres brutes pour l'autel et de bâtir le temple avec des pierres déjà préparées dans la carrière afin que les instruments de fer ne soient pas entendus durant la construction, conseils dont maîtres d'œuvre et compagnons maçons du Moyen Âge tenaient compte lors de la construction des églises romanes.

En fait, dans l'absolu, devrait suffire la pierre fondamentale du temple, celle à qui on donne valeur cosmique et qu'on identifie à la pierre de Béthel, sur laquelle Jacob posa sa tête, contempla l'échelle des cieux ouverts durant son sommeil et vécut alors la révélation qui fonde le peuple d'Israël; au réveil « il eut peur et dit : " Que ce lieu est terrible ! Il n'est autre que la maison d'Elohim et la porte des cieux ! "Puis Jacob se leva de bon matin, prit la pierre qu'il avait mise à son chevet, l'érigea en stèle et versa de l'huile au sommet. Il appela ce lieu Béthel, Bayth'êl, Maison de Dieu » (Genèse XXVIII, 17, 19). Cette massêbah, pierre dressée, que Jacob consacre, est le signe d'un geste préhistorique, fondateur du temple, de tout temple. Il marque simplement l'endroit où un lieu est devenu sacré à la suite d'une révélation particulière. Menhir...

Et l'on occupera ensuite l'espace autour, on l'encerclera afin de délimiter une aire de prière, un lieu où l'attention se concentrera dans les invocations et le silence du cœur. Cercles, carrés, triangles de pierres prolongent ainsi de leurs constructions la pierre d'angle fondamentale, symbole de l'absolue présence de l'espace divin, et préfigurent la Jérusalem céleste. Dans ce lieu qui déjà centre l'espace, l'autel et le tabernacle fixent un nouveau centre encore, comme s'il fallait que l'esprit aille en des espaces concentriques vers le secret du lieu, vers le secret de l'être.

Puis, là-dessus, se greffent les gestes du sacré.

Fleurs, statues, bougies, lampes, encens, rituels sont des outils symboliques, des signes évocateurs, des moyens pour attirer l'attention sur le mystère qui est là, qui est en nous. Magie d'une atmosphère apte à déconnecter l'esprit du quotidien banal pour le mettre en contact avec d'autres espaces qui se situent aussi en soi-même.

Évidemment, le problème de toutes les religions établies devient vite de privilégier les gestes rituels, qui certes fixent la conscience sur ce que l'on pourrait appeler « la direction du sacré », qui l'orientent vers... cette sensation spécifique, mais risquent aussi de créer des formes rituéliques colonisant tout le champ de la perception et évacuant, par leurs pompes et paroles, le vrai sens religieux, qui est l'acte de se relier au souffle, à ce silence qui est la vraie racine de la prière. Sans lui, elle n'est rien. Bien sûr, il faut savoir exprimer des mots, muets et sonores, témoins d'une attente, d'un espoir, d'un chagrin, d'une joie mais ce sans jamais oublier ce qui sous-tend ces mots.

L'idole en esprit reste la chose la plus difficile à détruire. Il faut aller au-delà de l'image, celle du dehors et celle que l'on porte en soi. L'absolu n'a pas besoin d'images pour exister : il véhicule son propre sens, l'image le jugule, l'enferme, le limite. Il faudrait ne voir en l'image de divinités, quelles qu'elles soient, que le support de la manifestation, la représentation archétypale du courant — force essentielle — comme une photo du vent.

Les pièges nous guettent sans cesse qui figent la liberté de l'énergie en œuvre : on n'arrête pas de vouloir solidifier.

L'énergie qui devient matière par la métamorphose de l'œuvre d'art, c'est très beau. Mais si l'esprit du spectateur se projette et opère une fixation dans cette même œuvre au lieu de s'en servir comme tremplin, comme porte à ouvrir, il devient inerte. Se coagule.

Comme en témoigne cette expression courante : « Mon Dieu... », on n'arrête pas de vouloir attraper, posséder, faire sien ou sienne. Pourtant, et en définitive, l'expérience du sacré nous apprend qu'il n'y a ni moi ni mien dans la transcendance des formes. Parlant des nœuds de l'esprit, Ramakrishna, grand sage indien du siècle dernier, employait des formules qui, un siècle plus tard, n'ont rien perdu de leur saveur : « Vous pouvez visiter toute la terre, vous ne trouverez nulle part la vraie religion. Elle n'existe pour vous que dans votre cœur. Celui qui ne l'a pas en soi ne la trou-

vera pas non plus hors de soi... ; l'idée d'un ego individuel et possessif revient à mettre de côté un peu d'eau
du Gange et appeler cette petite quantité séparée
notre propre Gange... ; ni le soleil ni la lune ne peuvent se refléter clairement dans de l'eau bourbeuse.
Ainsi l'âme universelle ne peut être bien réalisée en
nous tant que le voile de l'illusion n'est pas écarté,
c'est-à-dire tant que persiste le sens du " moi " et du
" mien "... ; le soleil éclaire la terre mais un petit nuage
suffit à le cacher à notre regard... ; à mesure que vous
pelez un oignon vous trouverez toujours d'autres
pelures mais vous n'arrivez jamais à un noyau : ainsi
quand vous analysez l'ego, celui-ci disparaît complètement. Ce qui reste en dernier lieu c'est l'Atman, la
conscience absolue... [1]. »

La forme peut être belle et nécessaire : ainsi j'aime
bien les statuettes de tous acabits et, dans une église
chrétienne, la Vierge Marie, cette Magna Mater, vraie
déesse cosmique, me parle plus que la Croix et son
cadavre, aussi sinistres que l'est parfois, souvent, sans
cesse, notre monde. A l'image de la souffrance infligée
et subie, torturante voire désespérante, je préfère
celle de la consolation, l'image de la mère, mère univers dont nous sommes issus et à laquelle nous retournons tous. Je sais que la Croix est aussi un symbole de
réunification des contraires et de résurrection ainsi
que le chante un père grec du VIIe siècle, André de
Crète : « O Croix, réconciliation du cosmos, hauteur
du ciel, profondeur de la terre, étendue de tout le visible, largeur de l'univers. » Encore faut-il qu'elle s'ins-

---

1. Voir *Ramakrishna, un sage en Inde,* éd. Le Courrier du
Livre.

crive dans un carré, donc dans un cercle, comme la croix grecque à branches égales car le symbole est alors celui d'une totalité active. Sinon il reste celui de la chair crucifiée par le mal, la douleur et la mort. Vérité terrible, miroir de la condition humaine.

C'est par contre un bien joli symbole que celui de la Vierge étoilée, pure matière vivante qui tient son enfançon et le dresse fièrement à la face du monde ; l'essentiel y est dit : il faut défendre la vie même si existe la mort.

Et pour trouver la source de cette vie, il faut savoir retrouver en nous ce silence subtil, qui n'est pas fait d'images et ne laisse pas de traces. Peut-être que la représentation la plus courante du Bouddha, avec le calme qui se dégage de sa posture et son sourire serein, ne fonctionne symboliquement si fort que parce qu'il nous parle de cela même : ce silence qui est aussi celui de la Joconde, énigmatique.

On peut rêver d'une morale, d'une éthique, d'une religion naturelle qui, dans ce monde saturé d'informations et de bruit, se bâtirait sur les espace du silence.

Lorsque l'on voyage, lorsque l'on se promène, on rencontre toujours sur son chemin des lieux qui évoquent un sentiment intense qu'on ne saurait, la plupart du temps, absolument pas définir. C'est du domaine de l'inexprimable, du non-communicable.

Cela prend l'être tout entier et déclenche une impression subtile, mystérieuse. Rappelez-vous, certains beaux paysages, certaines ruines et ce saisissement qui s'empare alors de l'être tout entier...

Qu'est-ce ? La fulgurance de la beauté ? L'âme de la

nature qui s'osmose à nous ? L'évocation historique suscitée ? L'esprit du haut lieu ? Tout cela à la fois qui s'entremêle ?

Toujours est-il que ces moments-là demeurent dans le souvenir comme des états de grâce ; des états de perception, non d'une autre réalité, mais du secret invisible de la réalité. Moment de plénitude intense.

Ainsi Mircea Eliade, dans ses *Fragments d'un Journal* [1], avoue que c'est à Bruges qu'il aurait découvert « à quel point l'imagination peut devenir créatrice lorsqu'elle est stimulée par le décor (de même que par toute œuvre d'art) et peut dès lors frayer la voie à une véritable " renaissance ", autrement dit à une régénération de tout l'être ».

Je me souviens ainsi d'un jour d'hiver où, lors d'une longue randonnée à pied avec mon ami le peintre Antonio Taulé dans les Yvelines, non loin d'un ancien village appelé Villeconin, nous étions arrivés en haut d'une colline jusqu'aux ruines d'un château fort.

Pans de murs dans la forêt.

Sans paroles, nous marchions dans cette nature que l'histoire hante. Et Antonio dit, alors que nous allions nous éloigner de ce lieu : « Parfois le silence est tellement fort... Tu te rends compte... On vient de marcher dans les pierres de ce château, ces ruines superbes, avec la neige qui vient de tomber dessus et la nature sauvage. Le silence est si beau ici que transformer en paroles toute cette conscience profonde est difficile... »

Certains parlent d'une sorte de mémoire des pierres. Mais de quoi se souviendraient-elles ? Du

1. Éd. Gallimard, tome II (1970-1978).

détail des jours? Des longues veillées auprès de l'âtre? Des naissances et des morts, innombrables à travers les siècles? De ce rayon de soleil qui a frappé tel dimanche d'avent le brocard de la fille du châtelain qui rentrait de promenade sur son destrier blanc et l'a illuminée d'une aura d'or qui stupéfia seigneurs et valetaille? De la tumultueuse histoire d'amour qui la lia au fils d'un seigneur rival? Ou de ce siège atroce de l'an 1373 où, affamés, les survivants du lieu durent fuir une nuit par le souterrain secret, qui a été muré depuis mais dont on parle encore? Le château fort fut incendié alors puis reconstruit une génération plus tard. Les pierres gardent-elles la mémoire de grands événements tels que ceux que mon imaginaire suggère ici? Sont-elles marquées par ce que l'on pourrait appeler des ondes-forces?

De toute façon, c'est romantiquement poétique, une belle ruine dans un cadre un peu sauvage. Le temps présent contraste tellement avec elle, que s'ouvrent brusquement à nous les portes du passé. Et puis, notre âme d'enfant s'éveille aussi à son contact et, tout ce que nous avons pu lire comme romans, essais, légendes et paroles historiques, voir comme films de cape et d'épée et péplums, tout le mystérieux de l'aventure et du voyage à travers le temps se révèle fugitivement à nous. Et ces murs, ce donjon qui se dresse encore avec ses machicoulis, cet escalier qui débouche sur le vide, cette meurtrière qui donne sur la vallée et vise précisément ce tournant de chemin plus bas, et un peu plus loin les restes monumentaux d'une cheminée où brûlaient des arbres entiers, voilà autant de supports pour une rêverie exaltée.

Vieilles pierres.

Seriez-vous comme un vieux cerveau qui ne garde de la vie que l'impression fugitive d'un rêve avec quelques souvenirs vagues qu'il remâche?

Fin d'après-midi à Oppède-le-Vieux. Dans le village médiéval, pas un fil électrique, un cadre idéal pour tourner les séquences d'un film d'époque.

Il pleuvait. Une petite pluie insistante mais tiède, portée par un vent assez doux. Le lieu était désert. Nous allions avec Jean-Yves Leloup rendre visite à Jean-Paul Clébert. Avant d'évoquer avec lui le silence des anachorètes et leur quête farouche d'absolu, nous laissâmes ma compagne, une amie et ma fille s'abriter chez lui, et fîmes quelques pas.

Il n'y avait personne. C'était vraiment parfait. Les marches de pierre qui scandent les ruelles du village brillaient d'humidité, polies par les années et l'eau. Oppède n'est pas un lieu sacré, plutôt une sorte de place forte, d'où le sanglant Maynier, châtelain du lieu, aidé de membres du parlement d'Aix, lança la croisade contre les Vaudois et regarda brûler d'ici leurs villages. Une forteresse avec ses palais et dépendances où les constructions se surajoutèrent les unes aux autres, au fil des époques. Et pourtant, dans le silence léger de la pluie qui tombait, la magie était là, grandiose.

Nous sommes montés vers l'église. Fermée. Drame de ce pays où on ne peut plus entrer se recueillir dans les églises de campagne. Oui, je sais, les voleurs. Il suffirait d'enlever les objets précieux et les rares statues de valeur pour pouvoir laisser les lieux ouverts, du moins la journée durant. Car leur espace vide suffit pour parler. Pour nous mettre dans un état de réceptivité autre.

Sur le parvis, une croix de pierre celtique. La vallée de Cavaillon disparaît dans la brume. Tournant nos regards plus haut, nous devinons le château. Du moins ce qu'il en reste. Et, par un chemin à travers les broussailles, montons vers lui. Débouchons dans une sorte de salle, battue par la pluie, un archétype de salle car, vraiment, ne seraient ces deux pans debout et les montants d'une fenêtre haute, on ne ferait qu'en deviner les murs.

Seul l'arc de la fenêtre cerne l'espace : elle donne à pic sur le Luberon, tout proche, sur un paysage tourmenté de pins et cyprès géants, qui se balancent au gré du vent parmi de gigantesques rochers gris et blancs sur lesquels s'effilochent des pans de brume. Pétrifiés, nous voilà hors du temps, hors de tous les temps.

Un bruit d'éboulis derrière nous, tiens, un touriste égaré. Tout à fait l'air d'un Anglais, en béret. Lui sourions et reprenons notre contemplation silencieuse. Puis nous nous retournons.

Il n'est plus là. Bizarre, on ne l'a pourtant pas entendu redescendre. Interloqués nous cherchons une issue dans la salle et trouvons un trou dans ce qui reste d'un coin de plafond voûté, à trois mètres environ du sol. Escaladons le mur et passons à travers pour déboucher sur une plate-forme, sur le haut d'un morceau de tour vertigineusement entourée de vide. Nouveau choc.

« *Fantastic* », lance l'Anglais, avant de redescendre en se faufilant comme un singe par le trou. Il a tout dit, il n'y a rien à ajouter à cela.

En redescendant nous tombons sur... une pierre percée en forme de siège contre un mur. Nous éclatons de

rire : venue du passé, elle nous rappelle que des géné-
.ions d'hommes et de femmes, d'enfants et de vieil-
lards ont quotidiennement déféqué et uriné dans ce
trou rond creusé dans une dalle. Nous penchant par
une fenêtre voisine, nous constatons que le rocher
sous la muraille porte très précisément à cet endroit,
une étroite mais longue traînée, jaune d'usure, qui se
termine dans les buissons en contrebas.

Le silence de l'histoire venait de nous jouer un
mémorable contrepet.

Aux ruines s'accrochent des lambeaux de leur vie
passée. Chaque édifice parle par sa fonction : dans
une ancienne ferme on trouvera des socs de charrue,
des herses, des outils gisant au milieu des sentiers.
Lorgnant par le trou de la serrure d'une porte de
vieille église, on apercevra des prie-Dieu, un crucifix,
une statue de la Vierge et de l'Enfant. Et dans les
villes, regardez ces maisons qui ont été détruites en
partie par un bulldozer. Le mur mitoyen qui demeure
est, de longs mois durant, et jusqu'au début des pro-
chains travaux, un fantastique tableau où se lisent
tant de choses : multicolores morceaux de papiers
peints, conduits de cheminée qui montent en faisceau
vers le ciel, traces diverses et, parfois, des détails plus
intimes, morceau de miroir au-dessus d'un lavabo,
photos oubliées, dessins d'enfants. Images d'un monde
qui s'en est allé, ailleurs.

Il y a quelque chose de pathétique dans le silence
des ruines et des maisons abandonnées. Et ce qui
nous étreint là tient aussi à la présence de la mort. Ce
sont des squelettes que nous visitons alors et c'est
pourquoi notre visite, prudente, s'accompagne tou-

jours d'un véritable sentiment initiatique. Nous pénétrons, en effet, dans l'univers du vide, dans un fief de la mort. Dans le royaume de l'absence.

Et pourtant cette absence est présence.

La vie y sourd par toutes les fissures, la vie éclate dans les décombres que les herbes envahissent. Un important secret gît dans les ruines, nous le savons.

Un double secret : celui de l'impermanence du monde qui se lie à celui de sa mutation incessante.

Rien ne demeure mais tout se transforme. C'est la leçon de l'histoire.

Importe dans les lieux ce qui de leur esprit se réflète en nous.

Lieux déserts, vous êtes de muets témoins de l'absence et de la présence.

Durant mon enfance, en Turquie, nous sommes souvent allés à la ville sainte de Konya. Et sur la route, au milieu d'une immense étendue désertique jonchée de pierres, se dressait un vieux caravansérail. Énorme édifice du Moyen Âge qui servait d'auberge aux caravanes. Comme il se situait à mi-chemin de notre périple, il représentait une halte rêvée; avec mon père, féru d'archéologie, nous en faisions le tour. A l'intérieur, vaste comme une mosquée, des traces de feux indiquaient une présence constante. La nuit, des pèlerins, des voyageurs devaient y dormir encore. Et cette construction, dans sa forme même, restait hantée par le passage des grandes caravanes du temps jadis. De même que toutes ces ruines antiques que j'ai visitées durant ma prime jeunesse, qui étaient alors perdues dans une nature vraiment sauvage, parfois même en découvrait-on de non répertoriées, des théâtres et des temples dont les gradins et les colonnes portaient toujours témoignage de l'esprit constructeur et ludique des races humaines, de leur espoir aussi.

Des villes mortes dans lesquelles erraient des chats. Et que des touristes visitent maintenant au pas de charge, incarnation nouvelle d'un décor ancien. Mais, au Panthéon surpeuplé, je préférais déjà le petit temple grec, perdu dans une campagne écrasée de soleil, oasis de calme et de fraîcheur. Il m'en reste quelque chose : je voyage toujours hors saison touristique afin de retrouver cette pure magie initiale des lieux qui parle en silence à notre psyché.

La rencontre avec ces architectures du passé porte parfois en elle une prédestination, au sens où André Breton employait le mot de « hasard objectif » et Carl Gustav Jung celui de « synchronicité ». Hasard signifiant et troublant.

Jung avançait ainsi l'idée d'une création continue et successive, voyant dans la continuité du temps « la présence éternelle de l'unique acte de création [1] », suscitant ainsi, et sans cesse, une sorte d'ordre créatif à l'œuvre au sein d'un *Unus Mundus,* monde unique et unitaire dont toutes les forces et la diversité des phénomènes non seulement émergent, mais que, par leur manifestation même, elles représentent et nourrissent. Matière créée-créante, substances fécondées et fécondantes, où elles se résorbent et, par d'autres voies encore, se perpétuent... sans fin. En ce monde-là, en cette trame-là, tout est lié, tout se tient. Parlant du hasard, je préfère employer des définitions simples

1. *Synchronicité et paracelsica*, Albin Michel.

telles que : coïncidence significative, circonstances synchrones, rapports simultanés ou, pourquoi pas, évoquer les correspondances chères à Baudelaire. Chacun d'entre nous les vit au quotidien. Ainsi, le fait que je pense à un tel et qu'il m'appelle ou qu'on se croise dans la rue, reste la situation type de ce genre d'événement, qui prouve l'existence en nous d'un canal télépathique, qui se confond d'ailleurs avec ce que l'on nomme l'intuition. Et son silence.

Avec les lieux, la rencontre prend un autre sens encore : ils plongent notre esprit dans un état de communication inexprimable, sinon en termes poétiques, état qui permet à notre conscience d'intégrer des données enfouies en nous-mêmes et qui avaient besoin d'apparaître. Les ruines et les lieux abandonnés sont souvent des miroirs où se reflètent certaines parties de nous — car ce genre d'endroits possède un caractère qui éveille particulièrement le méditatif qui sommeille en chacun de nous.

Il y a quelques années, à la suite d'une grave crise sentimentale, drame des cœurs en rupture, drame des projections amoureuses inadéquates et mal comprises, je me promenais dans un vieux village d'Ile-de-France et arrive, au détour d'un chemin, sur une maison isolée, ouverte aux quatre vents. Un sentiment d'horreur m'assaille immédiatement. La maison visiblement a été quittée dans un vent de folie, des vêtements d'adultes, d'enfants traînent çà et là, dans la saleté d'immondices épars, de bouteilles de gros rouge vides, de revues porno déchirées et de polars ringards piétinés. Partout crasse et désordre. Atmosphère oppressante, celle d'un mauvais film d'épouvante, les murs suintent l'angoisse. Me touchent plus que tout, ces pauvres jouets de gosse disloqués, ces chaussures de gamins abandonnées. On marche sur de la vaisselle brisée, les placards sont ravagés, les rares meubles renversés, les sommiers défoncés. Que s'est-il passé ici ? Je ne chercherai pas, dans ce village aux volets clos, à en savoir plus. Drame de l'alcool, de la drogue, de l'abrutissement bestial ?

Dehors des oiseaux chantent. Et je m'éloigne à la fois bouleversé et guéri de mon mal de vivre : qu'est-ce qu'un petit chagrin amoureux, douleur de l'ego, face à la vraie misère qui peut empoigner une vie ?

L'horreur d'un lieu m'avait enseigné.

Un peu plus loin sur la route, une chapelle déserte, minuscule sous un grand arbre feuillu, adossée contre son tronc noueux et abritant une toute petite statue de Marie serrant son bébé, avec quelques bancs de bois mal équarris pour s'asseoir là, m'enseignera par sa sérénité le calme retrouvé et l'espoir renouvelé.

Si l'on s'enfonce dans les chimères, que l'on se laisse attraper et posséder par elles, toute l'existence devient infernale. Et les lieux morts, les squelettes d'habitation, sont des bornes sur notre chemin. Des balises qui nous disent en silence : attention, attention, l'instant passe et ne revient pas... Ne le laissons pas s'échapper en vain.

Derrière les murs, l'espace

> *Vous, vous allez directement à Dieu; pas*
> *moi. Par contre, vous me demandez de*
> *construire un couvent, c'est-à-dire de loger*
> *une centaine de religieux et de leur procurer*
> *du silence. Dans leur silence, ils mettent*
> *l'étude : je leur fais une bibliothèque et des*
> *salles de cours. Dans leur silence, ils mettent*
> *la prière : je leur fais une église et cette*
> *église, pour moi, a un sens.*
>
> Le Corbusier.

L'essentiel quand on pénètre dans un temple quelconque, c'est l'espace (l'espèce) de silence qu'il dégage. Immédiatement perceptible.

Car le saint des saints *est* silence.

J'ai le bonheur de vivre non loin d'une abbaye cistercienne du xiiᵉ siècle, Sénanque, qui est probablement celle qui proclame avec le plus de force la beauté de la création et l'espoir de la Cité de Dieu dont elle se veut un reflet.

C'est un édifice bouleversant de plénitude. Que j'y parvienne à pied par la colline derrière la maison, ou en voiture en passant par Gordes ou Murs, chaque fois que les toits de lause apparaissent au regard, au cœur de cette petite vallée cernée par les deux flancs de la montagne dont furent tirés tous les matériaux pour sa construction, se produit un choc visuel, un respir d'harmonie.

Œuvre des hommes en quête d'un au-delà d'euxmêmes, l'abbaye de Sénanque, dans sa grandiose simplicité, est une image de perfection et d'union avec la nature environnante.

Les monts qui l'entourent ont quelque chose d'aride, tandis que la vallée est toute riante avec ce champ plein de lavande au centre et les chênes et les buis qui la cernent. La montagne, le ciel *sont* yang, la vallée, la terre *yin*, les deux composantes masculine et féminine de la nature se joignent ici dans ce troisième terme qui est l'œuvre de l'homme.

Les abbayes ne sont pas construites n'importe où, et celle-ci est comme le tympan d'une vaste oreille qui écoute l'univers.

Aujourd'hui, de Pâques à la Toussaint, des dizaines de milliers de visiteurs y passent, et nul besoin de moines pour les renseigner : la pierre les instruit mieux que quiconque. Le message de l'architecture est ici tellement puissant, vrai pilier du Tao, qu'il parle au corps, à l'esprit, à l'âme. Je n'ai jamais autant senti la force des ondes de formes qu'à Sénanque. Peut-être est-ce parce que j'y viens et reviens, qu'il ne se passe pas de semaines sans que j'y accoure, même brièvement. Et c'est un éternel enchantement, une leçon toujours renouvelée.

Nous, du XXe siècle, que construisons-nous qui équivale, que dis-je, qui tente d'approcher la perfection telle qu'elle sut naître dans ce fabuleux XIIe siècle où, suivant l'expression de Marie-Madeleine Davy, existaient des hommes contemplant le Graal à découvert ? Rien.

Qu'attendons-nous pour tirer d'une nouvelle aventure spirituelle la force et le génie des constructeurs de cathédrales ? Que la terre soit en ruines, soit une ruine ? et que l'on rebâtisse ? Peut-être est-ce vraiment cela que l'histoire attend. Serait-il possible que l'incommensurable bêtise de l'humanité aveugle doive se juger et se punir d'elle-même en saccageant le jardin terrestre dont elle se nourrit ? Pour comprendre quoi? Son inanité? On pourrait dans ce cas éviter de perdre du temps...

Sénanque, piège à lumière.

Saint Bernard, novateur de l'ordre cistercien, personnage contradictoire comme tout un chacun, cas pathologique comme toutes les personnalités géantes, était animé d'une flamme inextinguible qui lui fit aussi bien prêcher d'inutiles et sanglantes croisades contre les Cathares et les infidèles, que relever l'idéal monastique par un retour à la simplicité primitive et au retirement. Ce fondateur (à sa mort en 1152, l'ordre aura bâti quelque trois cent cinquante monastères. Il était arrivé à Citeaux en 1112) qui disait : « que l'âme cherche la lumière en suivant la lumière », se doutait-il que le meilleur témoignage de sa foi farouche demeurerait inscrit dans le silence des pierres élevées sous son influx? Pierres qu'il voyait « saintes à cause de nos corps », ces corps qu'il comparait douze siècles après saint Paul à des « vases de sanctification ».

Voué à sa tâche, il ne se posait sûrement pas de question sur sa postérité, attentif simplement à approcher de cette perfection, toujours à atteindre; car elle est devant. Il écrivit, dans ses traités et homélies, des lignes clarissimes où l'on voit toute la fine métapsychologie du personnage qui, loin d'atteindre et d'attendre de spectaculaires visions, était simplement attentif à ces lents glissements d'éveil de la conscience, à ce silence vivant qui sourd en nous, humains, pierres vivantes de la Jérusalem céleste qu'il considérait comme cimentées par la charité active : « le Verbe est venu en moi plus d'une fois. S'il y est entré fréquemment je n'ai pas toujours pris conscience de son arrivée. Mais je l'ai senti en moi et je me rappelle sa présence... Je suis monté à la partie supérieure de moi-même et plus haut encore où règne le Verbe... Quand il entre en moi, le Verbe ne trahit sa présence par aucun mouvement, par aucune sensation ; c'est seulement le secret tremblement de mon cœur qui le décèle... C'est en moi comme l'ombre même de sa splendeur... »

Phrases magnifiques de simplicité où l'on retrouve la puissance du silence en œuvre...

A Sénanque, chaque jour, chaque heure, la lumière varie, et rend perceptible cette variation. Dans ce piège à lumière, un rêve de l'homme se trouve réalisé. Silence et clarté se joignent ici en un fabuleux chant. Et lorsque, parcourant l'abbaye avec mon ami et complice Emmanuel Muheim, directeur du centre culturel qui œuvre ici, nous pénétrons dans l'église, à chaque fois l'étonnement nous saisit, de même qu'il s'empare de ceux qui nous accompagnent et nous rend tous muets.

Tournés vers l'abside, se produit en chacun un véritable heurt, transmis par le regard fasciné, une secousse qui s'empare de l'être, le bouleverse, le mue en prière, donc en un mouvement de l'âme, le transforme en silence actif et lumineux, l'éveille de sa clarté. Tournés vers les trois marches purificatoires qui mènent au transept, cet espace voulu particulièrement sacré par la Bible dans l'Exode, et vers les deux marches qui mènent à l'autel admirablement vide sous l'abside éclairée d'ouvertures trinitaires, joue alors en nous la magie de l'agencement des pierres, des courbes et des ouvertures... Et dans ce temple désert (nous nous y rendons à des heures creuses, donc de plénitude), le mot mystique prend son sens, réalité vécue dans la chair et l'esprit et, de chaque visite, nous sortons autres.

Laissons parler Emmanuel de ce haut lieu qu'il habite : « Si l'on part du postulat que tout est voulu, nécessaire, sans rien de gratuit dans cette architecture, il faut donc essayer de comprendre la présence insistante d'un signe, le seul, apparent sur les têtes des colonnes à l'entrée du transept : la roue, surtout visible comme roue de char dans le grand oculus au sommet du mur droit du transept. La roue s'est toujours emparée de l'imagination symbolique, tant elle est riche de significations. Un symbole ne se réduit pas à une équation. Sa lecture est subjective : elle se situe à plusieurs niveaux de sens. La roue s'offre d'emblée comme une figure reliant la circonférence à son centre. Circonférence du monde dont le centre est Dieu. Elle est symbole de la perfection spirituelle, de la vision d'Ézéchiel. Dans cet oculus à dix rayons, totalité des nombres premiers, elle peut être vue comme rassemblement de l'univers autour de son centre, comme image des cycles du temps, de l'Éternel Retour. Ainsi le moine descendant du dortoir pour l'office de nuit avait immédiatement devant lui cette roue, puis se retournant pour gagner sa place dans le chœur, il pouvait contempler, au sommet du mur du fond de l'église, la grande rose, figure dérivant de la roue, l'emblème de la Vierge à laquelle étaient dédiées toutes les églises cisterciennes. Rose à douze rayons, le quatre du monde que multiplie le trois de la divinité, elle est l'image de la créature parfaite. Ses douze pétales s'inscrivent autour de deux cercles concentriques que semble arrêter une croix fortement soulignée. Ainsi la roue du char comme en mouvance s'est immobilisée dans le retournement du regard : le temps devient éternité.

« En fait, toute l'église participera à ce double mouvement. Elle a deux visages. L'un d'une grande richesse architecturale, l'autre d'une sèche simplicité. L'un véritablement cosmique, par l'engendrement des volumes magnifiés de la coupole sur le transept se recueillant vers la coque maternelle de l'abside par un jeu d'appels et de réponses en un rythme ordonné et musical. L'autre, plus cistercien peut-être, celui de la nef, haute voûte nue, dépouillée à l'extrême. Seule la fait vivre la lumière. Plus vive dans le cloître, plus secrète dans l'église, qu'elle embrase à l'intensité des heures de midi, et qu'elle découpe de traits précis d'ombres et de clartés en été. Procession de la lumière, procession du regard et de l'âme. " Ce n'est point en changeant de lieu qu'il faut s'approcher, mais par des clartés successives et qui ne sont pas corporelles, mais spirituelles... ", dit saint Bernard.

« Mais quelle qu'elle soit, dorée ou glauque d'une humidité de grotte, toujours la lumière laisse paraître la beauté de la pierre. Appareillage parfait. Chaque pierre est jointe sans mortier, sans tricher. Et ce soin est lui aussi porteur d'un message : " Entrez vous-même dans la structure de l'édifice comme étant des pierres vivantes pour composer une maison spirituelle ", demande saint Pierre. Ainsi, l'église est image du Corps mystique du Christ par ses matériaux mêmes. Par sa disposition cruciforme. Sous ses voûtes qu'emplissait le plain-chant de la communauté monastique, dans l'élan d'une continuelle élévation. »

Ici, aujourd'hui encore, le fantastique silence des

lieux, leur présence vibrante, suffit à nous élever. Architecture du vide, plénitude du volume ouvert où l'être se déploie, s'épanouit dans ces formes poussées à leur maximum d'expression. Sans vitraux, sans sculptures, sans images, l'église intériorise le cosmos qui s'ouvre à nous dans le pur éclat du jour, de la nuit, grâce à l'harmonie numérale du cloître, puits carré de lumière. Puits du ciel.

A la formulation de saint Bernard qui écrit : « Dieu, il ne nous est pas permis de Le voir autrement que par reflets et symboles... », on peut ajouter que cette énergie appelée Dieu est en œuvre dans tout ce qui fait la beauté du monde : dans le brin d'herbe qui, fragile, pousse sa fleur, comme dans l'édifice de Sénanque, cette rose en pierre du désert.

Dans le centre culturel qui jouxte l'abbaye, un étage entier se trouve consacré aux gestes de la prière et un autre à une exposition sur la vie du désert et de ses Touaregs. Belles photos, traces sur le sable, objets, fragment de la porte qui fermait la maison de Charles de Foucauld sur le plateau de l'Acekrem et recouvrit son corps mort, troué de balles. Et, dans un petit cahier écrit de sa main une liste de proverbes touaregs qu'il a traduits : sur la page juste ouverte, là sous la vitrine, je relève : « L'homme bavard, il n'y a rien en lui que du bavardage... » Et : « Une blessure faite par le feu se guérit, une blessure faite par la langue ne se guérit pas dans l'âme... »

Émouvant hommage à la sagesse du silence. Puis, quelques pas plus loin, me frappe la traduction de ce poème écrit par Hawad, un Touareg d'aujourd'hui, en cette écriture calligraphiée où la graphie est signe, plus que lettre :

La marche vers le puits
n'est pas le terme
de notre soif.

Emmanuel, lorsque je lui relis ce poème, me cite un proverbe confié à lui par un ami touareg lors d'une de ses excursions à pied dans le désert : « L'homme qui fait du bruit n'entre en lui que du bruit. »

L'architecture, confrontée à la création d'espaces de silence et de recueillement, peut s'avérer très efficace avec des matériaux modernes, comme c'est le cas à Ronchamp dans l'église de Notre-Dame-du-Haut, et à l'Arbresle, dans le monastère Sainte-Marie-de-la-Tourette, deux bâtiments où ce génie à redécouvrir, Le Corbusier, sut construire des lieux de méditation ceints de murs qui sont des trappes de lumière.

Ici aussi le silence parle, à qui l'écoute.

A Ronchamp, il m'a ébloui ; adolescents, nous étions arrivés à pied sur le plateau, toute une bande de copains, un bel après-midi d'août, et la petite église était là, illuminée.

A l'Arbresle il m'a bercé : j'y ai en effet passé trois séjours de trois jours, lors de sessions de pratique du zen avec maître Deshimaru.

Surprenante au premier abord, l'architecture en ciment du monastère se vit très bien, le lieu fonctionne, favorise la méditation en commun par la nature de son espace, de ses angles, ses rythmes, son ambiance.

Lieu de solitude dans la cellule, nid qui coupe du monde et où l'on se trouve confronté à sa tâche de réflexion ou à son repos.

Lieu de rassemblement ailleurs, dans les couloirs, le réfectoire s'ouvrant sur la nature, les salles d'étude...

Lieu de concentration intimiste dans l'église vers laquelle on descend par un admirable et lumineux plan incliné pour monter ensuite en soi-même, vers les cimes du silence, ce lieu de l'ascension qui nous habite.

Cela doit être lors de ma seconde session prolongée de zazen et mon premier séjour ici, que la curiosité me poussa à demander à maître Deshimaru l'autorisation de prendre des photos durant une des séances de méditation collective. Je le connaissais peu encore mais, me sachant homme de médias, il accepta.

Tous les participants entrent donc dans l'église, alors transformée en dojo, pour la séance de onze heures du matin. Chacun prend place dans sa file, il y en a trois de chaque côté, parallèles, et s'installe sur son *zafu,* son coussin de méditation, tourné vers un des murs latéraux, en quinconce. Je fais de même.

Au bout de cinq minutes, me lève doucement et, mon Pentax sous le bras, avance dans la travée vers l'autel en pensant que, du haut de ses marches, je vais pouvoir prendre une belle vue d'ensemble. Les ayant gravies, je me retourne et, c'est le choc, formidable, du silence émané par cent ving personnes assises, immobiles.

Une onde de silence d'une telle puissance, que, de longues minutes durant, je n'ose troubler cette densité-là, avec le cliquetis du déclencheur et son écho.

Je revivrai cette expérience en d'autres lieux : la vibration muette, dégagée par cent à trois cents corps immobiles dans leur méditation, s'avère toujours très puissante. Mais elle varie avec l'architecture du lieu

comme si espace, énergie du lieu et silence s'osmo-
saient pour créer une entité à chaque fois différente

J'ai suivi des sessions de zen partout en France, en
Belgique, en Suisse, en Espagne, dans des églises des
monastères, des granges, des salles de sport des
hôtels et des dojos construits traditionnellement
comme celui de la Gendronnière.

Chaque fois j'étais bien sûr différent, on se réveille
nouvel être chaque matin et c'est un grand mérite du
zazen que de nous faire suivre cette progression où
l'on se révèle à la fois semblable et autre. Mais le lieu,
de par sa situation, ses formes, le temps qu'il fait,
l'énergie minérale du sol et celle dégagée par la végétation... influent sur la qualité du silence retrouvé par
les pratiquants. Ainsi, faire zazen à Val d'Isère dans
une salle de restaurant vidée de ses tables et chaises,
les baies vitrées donnant sur un torrent et des montagnes, ou près de Blois dans le climat légèrement
lénifiant des pays de Loire ou sur le carrelage glacé de
la petite chapelle d'un couvent à Wardreques dans le
Nord, ou dans une vaste grange à la Sainte-Baume où
l'on baigne dans l'énergie magnifique de ce haut lieu,
ou face à la Méditerranée, brillante sous le soleil de
Carry-le-Rouet, ou ici dans l'église de ce monastère
moderne de La Tourette à l'Arbresle, pour ne citer que
ces quelques exemples, c'est à chaque fois une expérience différente tant la méditation s'enrichit des
effluves climatiques, telluriques et architecturaux du
lieu.

La qualité du silence change au fil des journées de
chacune de ces sessions : lourd, voire glauque au
début, alors que chacun remue et rumine ses soucis,
fantasmes, fatigues et troubles divers, ce silence col-

lectif se métamorphose peu à peu pour devenir vibrant d'énergie et de clarté vers la fin de la session.

Tous les godos (dirigeants de la pratique) en ont fait l'expérience et il est toujours bouleversant de constater cette élévation de l'atmosphère générale au fil du décrassage intérieur opéré par l'acte de méditer.

Revenons à La Tourette : l'architecte Claude Parent, lors d'un colloque qui s'y tenait en 1983, et consacré à l'architecture sacrée, en dit : « Si l'on regarde l'ouvrage lui-même, par exemple l'église du Corbusier de La Tourette, quoi de plus simple, de plus schématique et de plus tendre à la fois. Est-on écrasé, bousculé par le lieu ? Non, bien au contraire. La dimension s'oublie, la brutalité disparaît. Vous êtes seul, le lieu se met à votre dimension. Vous êtes chez vous. Ce n'est pas l'église des moines. C'est la vôtre. Votre maison.

« Comment expliquer ce phénomène ? Le lieu est chargé de tendresse à votre égard. Comment obtenir cet effet ? Il s'agit là de l'œuvre d'architecte. Les moyens sont inconscients. La seule conscience réside dans la force de l'ouvrage. Sa violence sans concession. Sa brutalité faite de sincérité. Le reste, ce qui demeure, ce que l'on ressent et que l'on ressentira à travers les siècles, est de l'ordre du mystère. »

C'est en effet un lieu avec un sens, *un lieu où choses et gens apparaissent à eux-mêmes et aux autres,* un lieu qui favorise la relation avec autrui, le proche, et avec l'essentiel, enfoui, qui se révèle. Car même si le vrai temple se situe à l'intérieur de soi-même, chaque lieu sacré, sacralisé par sa science des orientations, sa pratique propre et son emplacement, ne peut faire que favoriser l'entrée dans la conscience profonde. La chapelle doit rester intérieure et alors chaque endroit devient centre, devient lieu de communication avec ce qui nous dépasse et nous fonde.

Une nouvelle architecture pourrait s'en dégager, ainsi que l'avait perçu Le Corbusier : « La maison des hommes s'installe dans la nature, entière en soi, faisant son affaire de tout sol, ouverte aux quatre horizons, elle prête sa toiture à la fréquentation des nuages et de l'azur ou des étoiles, avisée la chouette venue d'elle-même ici se poser [1]... » sur le toit, lieu d'exaltation le plus haut de l'édifice, cinquième façade, ouverture au cosmos.

Le Corbusier a poursuivi inlassablement une quête qui retrouve les fondements même de l'art sacré : « Individu, collectivité, cosmos, telle a été la règle de ma recherche pendant toute ma vie. » Règle d'or grâce à laquelle il avait redécouvert que « l'architecture et la musique sont sœurs, proportionnant l'une et l'autre le temps et l'espace. L'outil qui façonne l'enchantement, c'est la proportion à laquelle sont liés de si près les sentiments à l'extrême de ses possibilités. On touche à l'ésotérisme, au langage des dieux. La sensation devant l'architecture, la proportion est perception de distances, de dimensions, de hauteurs, de volumes, mathématique qui a une clé donnant (ou ne donnant pas) l'unité, selon que c'est réussi ou raté. Le croiriez-vous ? *Cette clé de l'architecture, la proportion, a été perdue, oubliée.* Elle qui, à certaines époques, était tout, conduisant aux mystères mêmes, on n'y pense plus, on ne s'en soucie plus, on l'a abandon-

1. *Poèmes à l'angle droit.*

née. Voilà où nous en sommes. Fonction éminemment visuelle (car ne s'agit-il pas d'objets que l'homme mesure), elle peut devenir métaphysique, reliant matérialité à spiritualité [1] ».

Et nous tous qui aimons pénétrer dans les temples de rencontre pour savourer, un instant, la simple et envoûtante magie des lieux où l'on se recueille, où l'on se retrouve, où l'on prie et médite, temples de tous horizons, qu'ils soient hindous, bouddhistes, musulmans, judéo-chrétiens, ou autres, deux éléments nous y parlent immédiatement : l'esprit de la dévotion ou méditation qui s'y pratique, l'esprit du lieu tel qu'il a été bâti et enraciné dans une terre particulière. Silences divers qui nous mettent en contact avec un essentiel qui fonde notre quête, car il est vrai que « chaque être qui recherche l'harmonie a le sens sacré... le secret qui est en chaque être, ce grand vide illimité où l'on peut loger ou ne pas loger sa propre notion du sacré, individuelle, totalement individuelle. Cela s'appelle aussi la conscience et c'est cet outil de mesure des responsabilités ou des effusions étendu du saisissable à l'insaisissable. La journée a vingt-quatre heures. La vie a aussi son entrée et sa sortie. Un délai est à sa disposition, un temps. Chacun est à l'intérieur de sa peau, dans le sac de sa peau... [2] », écrivait Le Corbusier, bâtisseur en quête de lumière qui mourut en nageant entre mer et soleil, j'aime à penser qu'il se fondit dans la brillance de leur fusion. On retrouvera son corps, ce sac de peau, sur la grève, rejeté par les vagues.

1. *Carnets*, 4 vol., éd. Herscher/Dessain.
2. *Op. cit.*

Même s'il y a un grand architecte de l'univers, ses œuvres se font et se défont, comme celles de ses créatures.

Le plus beau symbole du silence? La flamme d'une bougie dans la pénombre. Sa flamme s'élève, elle brille, et pourtant elle va s'éteindre. Ce pourrait être aussi le symbole de notre action au monde.

Cette chance éphémère...

Sotie sur la peur

Comme la mort est le parachèvement de la vie, ce qui lui donne forme et valeur, ce qui ferme sa boucle, de même le silence est l'aboutissement suprême du langage et de la conscience. Tout ce que l'on dit ou écrit, tout ce que l'on sait, c'est pour cela, pour cela vraiment : le silence.

      J.M.G. Le Clézio, *l'Extase matérielle.*

A quelqu'un qui dit : « j'ai peur », on peut rétorquer : « Que craignez-vous au juste ? » Sa peur doit renvoyer à quelque chose, il devrait répondre par un fait concret : on me suit dans la rue, un assassin m'épie, mon enfant est gravement malade, mon usine ferme et je vais me retrouver au chômage, il y a un tigre échappé du zoo derrière la porte ou un boa constrictor sous mon lit... ou, ma femme va me faire une scène si elle voit ces traces de rouge à lèvres sur mon col..., mon mari va me battre s'il rentre soûl...

A quelqu'un qui manifeste son angoisse, son inquiétude diffuse, indéterminée, son mal de vivre, la question du pourquoi se pose de manière très différente car elle ne s'applique pas à un fait précis mais à la vie entière qui se trouve perçue comme dangereuse, hydre menaçante.

Dans l'œuvre de Carlos Castaneda, le sorcier Yaqui Don Juan dit à son élève : « Le premier ennemi naturel de l'homme de connaissance est la peur. Un ennemi terrible, traître et difficile à dominer. Il se cache à tous les tournants du chemin, rôdeur, attentif. »

Mais qu'est-ce que la notion de silence peut bien avoir à faire avec cette peur, insidieuse? Tout.

D'abord, le silence peut cacher la crainte, quelle qu'elle soit. Et en la dissimulant aux yeux du monde il couvre divers états qui ont pour nom : faiblesse, appréhension, affolement, effroi, voire panique... Les expressions populaires ne disent-elles pas qu'on peut se retrouver muet de terreur, sans voix, plus mort que vif, le souffle coupé?

Silence gardé n'empêche ni l'émotion, ni des signes divers : boule dans l'estomac, jambes flageolantes, sueurs froides, yeux égarés, blêmissement très net... sans oublier les fameux cheveux qui se dressent sur la tête et les poils du corps qui se hérissent. Tout cela pouvant mener soit à l'évanouissement chez des natures chichiteuses, donc à un silence total, soit à la fuite, silence poltron, soit à une réaction de défense plus ou moins contrôlée, auquel cas le silence se mue en paroles plus ou moins criardes et, parfois, en coups et glapissements divers.

On peut aussi se servir du silence comme d'une arme. Défensive et offensive. Comment? C'est simple : d'abord faire taire son/ses fantasmes d'angoisse. L'image mentale qu'on a d'une situation est plus dangereuse que la réalité car elle fait souvent perdre tous moyens pour affronter une situation difficile. Le vrai problème de la peur se situe dans ses débordements : elle paralyse l'action juste et aveugle l'entendement, c'est son inconvénient principal. Et le combat contre les images-idées folles qu'elle crée se donne à coups de respirations que l'on doit s'efforcer de rendre profondes et calmes. Le flux de l'inspir et de l'expir permet, en effet, de se recentrer et donc d'y voir plus clair, que cela soit dans la rue, dans une scène de ménage, une brouille professionnelle, ou la lutte contre ses propres pièges et frayeurs.

Ce processus respiratoire maîtrisé permet d'affûter les yeux, de rendre notre regard tranchant comme une lame de rasoir, pointu comme le bout de l'épée, solide et brillant comme le diamant. Et si notre regard s'affermit, se trouve perçu comme stable par autrui et qu'il étincelle de lucidité, nous disposons là d'une seconde arme silencieuse mais terrible : car un coup d'œil peut clouer au sol. Attention : nulle excitation ne doit transparaître ni du respir ni du regard, mais au contraire doivent se donner à voir, sang-froid et transparence, dans une détermination solide.

Troisième arme du silence : sur cet aspect imperturbable, ce regard soutenu qui perçoit l'ensemble de la situation et cette expiration apaisée, il s'agit à présent de créer autour de soi et devant soi un bouclier vibratoire. Toujours en silence, saisir avec l'œil un rayon de lumière, du soleil si possible, et s'en entourer mentalement tout en poussant bien à fond son expir le plus loin possible dans l'abdomen, entre le nombril et le sexe, en inspirant rapidement, naturellement, puis expirant ainsi à nouveau jusqu'à ce qu'une chaleur se crée en cette zone. Certains chamanes disent même que des tentacules invisibles sortent alors de ce point et peuvent, sinon projeter l'adversaire, en tout cas le stopper, l'arrêter, l'annihiler. Cela a l'air farfelu, pourtant ce ne sont pas des conseils magiques que je livre là mais bien des secrets traditionnels d'arts martiaux.

Tout en faisant cela, sans cesse affermir ses pieds sur le sol, en axant leur pression sur le bord extérieur de la racine du gros orteil. Toujours en silence. Pas de gros pet trouillard, cela risquerait de faire rire l'adversaire. Sueurs et blêmissements sont aussi interdits, signes trop évidents de notre peur.

Il faut, bien sûr, réaliser tout ce qui précède sans y réfléchir, instinctivement; agir avec instinct, oui, car sinon on risque d'avoir pris un coup sur la partie la plus intelligente de notre individu avant d'avoir eu le temps de mettre cette fabuleuse tactique au point et en place.

Enfin, si tout se passe bien, la situation extérieure et intérieure sous contrôle, il ne reste qu'à passer à autre chose. Proposer d'aller prendre un pot, de faire un bridge, un poker, une canasta ou une partie d'échecs ou de go, pour retrouver, sans dangers majeurs, le plaisir intense et silencieux du jeu et la tension exquise de l'affrontement en chambre. Ou simplement tourner les talons et s'en aller dans un silence empreint de dignité majestueuse.

Le silence vécu permet de comprendre, de plus, le pourquoi de bien des affrontements car il *détache* de la situation, ce qui signifie très précisément qu'on ne se tache pas avec, qu'on ne se laisse pas éclabousser par elle.

La plus grande force réside dans le fait de ne pas intervenir, tout en maîtrisant la situation. C'est un autre secret du *budo,* voie du guerrier qui regroupe tous les arts martiaux japonais, que celui d'*être vainqueur sans se battre.*

Existe une jolie histoire à ce sujet : un jeune moine va de temple en temple porter un message. Non loin de sa destination, il doit traverser un pont. Et sur ce pont, il y a un samouraï brigand qui, l'air féroce, lui barre le chemin.

« S'il vous plaît, laissez-moi passer demande le petit moine, je dois porter ce rouleau au temple.

— Non, dit le brigand, tu dois te battre avec moi.

— Mais je ne sais pas me battre...

— Alors tu vas mourir.

— Monsieur le samouraï déchu, laissez-moi au moins porter ma lettre au père supérieur et je reviens me battre.

— Tu le jures ?

— Sur la tête de tous les dieux, oui. »

Le petit moine porte donc sa missive et explique la situation au père abbé qui lui dit :

« Petit, écoute bien ce que je vais t'expliquer et retourne ensuite au pont puisque tu t'es engagé. Voilà un sabre. Lorsque tu seras face à ton adversaire, tu élèveras bien haut ce sabre au-dessus de ta tête et, impassible, tu attendras la mort, yeux fermés, bouche close. »

Le moine s'en retourne donc et, face au brigand qui ricane, se met en garde comme on lui a dit de le faire et attend, vaillamment, de passer de vie à trépas.

Devant ce petit être immobile, qui tient haut et sans broncher son sabre, le méchant samouraï ne rigole plus.

« Mais qu'est-ce qu'il fait, se demande-t-il ? Je n'ai jamais vu une technique pareille ! »

Alors il l'insulte, dit qu'il va le couper en petits morceaux et les faire frire à la poêle, qu'il va lui manger les parties intimes et les oreilles en hors-d'œuvre et autres joyeusetés.

Mais le petit moine ne bouge toujours pas et attend la mort, sabre dressé.

Un silence s'éternise, et tout d'un coup, le moinillon entend un grand bruit de ferraille qui tombe sur le sol. Il ouvre un œil et voit le brigand prosterné sur le bois vermoulu du pont, qui sanglote en criant : « Épargne-moi, grand maître, épargne-moi, tu es plus fort que moi, je t'en supplie, si tu me laisses la vie sauve je me fais moine au service des autres ! »

Silence et immobilité peuvent gagner.

Myamoto Musachi, le plus grand samouraï de l'histoire, résume cela en écrivant dans son fameux *Traité des cinq roues* [1] « il faut déraciner la volonté combative de l'adversaire ». Ce conseil peut être appliqué quotidiennement.

Réfléchissons un peu sur les principes de l'agressivité commune, banale, celle qu'on rencontre sans cesse. A la base s'y trouve toujours une histoire d'ego.

Qui se heurte ? Pourquoi se heurter ? C'est parfois nécessaire. Mais rarement.

Pourquoi ces « clash » entre les êtres ? Et plus on est proche, plus le choc est fort. Violent. Stupide en fait.

Tu me vois tel que tu veux me voir.

Je te vois tel que je te représente.

C'est valable pour tous et toutes...

Reproches. Faciles les reproches. D'abord quand ils vous arrivent on ne se sent pas concerné, c'est une image de nous insupportable qui nous est jetée à la figure : c'est la vision de l'autre. Au fond de soi, on

1. Éd. Albin Michel.

sait très bien que « je » est autre chose : on se voit toujours mieux, plus beau, plus fin, plus intelligent, plus sage... Nous, on sait.

Que savent les autres ?

On oublie que si notre propre cheminement intérieur est connu de nous seul, par contre notre représentation quotidienne, notre théâtre de chaque jour, de chaque geste, de chaque parole, notre moi extérieur qui se donne l'air de singer son idéal, ce moi-là est plus souvent apparent aux autres qu'à nous-mêmes. Si l'autre prend le temps, donc le silence, de me regarder, il me lit à livre ouvert. Et *vice versa*. On peut voir nos grandeurs et faiblesses. Toutes les mesquineries et vérités du personnage.

La vraie personnalité se dégage à ce moment-là (quel qu'il soit) et, l'image que l'on veut donner de soi. Jeu incessant qui sert à se rassurer, grandir et exister à d'autres yeux, prouver sa pénétration, sa force, son expérience, souvent inexistantes. Ou réduites à si peu de chose par rapport à l'idéal qu'on s'en fait. Nous sommes tous des colosses aux pieds d'argile.

Scènes, disputes, colères : il s'agit toujours d'écraser l'autre.

Peut-être que cet autre a tort ou raison. Peut-être n'a-t-il ni tort ni raison. Il est dans son personnage, tu es dans le tien. Une bulle en côtoie une autre. Un univers particulier coexiste avec d'autres univers tout aussi particuliers, tout aussi étranges, tout aussi tristes et joyeux. Chacun projette ses tentacules vibratoires sur le monde, chacun se projette sur ce qui l'entoure, chacun pense, sent, vit d'une certaine façon...

Solitaire et très vaguement solidaire.

Il n'y a pas une empreinte digitale pareille au monde, et on voudrait que les êtres se ressemblent. Pourtant, la formule chimique de la peau est la même, pourtant, les mêmes éléments nous constituent... Pourtant cela paraît si simple à atteindre, l'harmonie...

Bien des choses nous séparent, bien d'autres nous réunissent... Faut simplement faire avec.

Et si on n'a pas le courage de le faire, on tombe dans la violence quotidienne qui peut cacher :

Le Moi en danger, qui s'affole.

Le désarroi de l'ego bafoué.

L'ignorance de la vraie situation.

Le besoin, conscient ou insconcient, d'intervenir.

La faiblesse, qui se caricature alors.

L'angoisse du désespoir, même futile.

L'amertume glauque.

Le « je vois rouge », qui voit sang.

L'aveuglement qui dérive et va rompre les digues.

Le besoin de casser, d'annihiler, voire de tuer.

L'envie de blesser, pour marquer, faire mal.

Le désir panique de changer d'endroit, de s'échapper du moment.

Le moment présent devenu insupportable.

Autrui devenu insupportable pour son petit moi stressé.

La démission de l'être, qui rue.

Une facette de l'humain qui se dévoile à soi et aux autres.

La réaction nerveuse en runaway.

Le réflexe fou des fibres musculaires.

Le ras-le-bol psychique.

La bêtise, sinon la bestialité.

La peur non contrôlée.

La jalousie non maîtrisée.

L'envie qui déborde.

Un point sans retour dans une relation.

La situation non assurée.

L'étranglement moral qui pousse à se défendre.

La terreur comme dernier recours.

Le court-circuit de la lucidité perdue.

Une pensée déchiquetée, une conscience qui part en lambeaux.

Un subconscient qui envahit tout.

L'horreur intérieure qui se manifeste.

Une déchirure, un choc, un stress

La lutte pour *sa* cause.

La guerre de survie.

Le mal qui s'incarne et prend plaisir.

Le mal qui néantise.

Un démon ancestral, qui se trouve dans notre cerveau.

Un flot de réalité crue, nue.

Une divinité irritée.

Kali, la meurtrière avide.

Un égrégore vibratoire qui éclate.

La faim universelle de mort dévorante.

D'une étincelle, le feu qui s'embrase, fuse, toujours et encore.

Des espaces-temps qui s'entrechoquent au lieu de s'entrecroiser.

Le mouvement éternel du destin...

Ceci est une liste non exhaustive.

Un pas en arrière, un instant de silence, un regard

permettent souvent d'éviter le déroulement d'un de ces processus.

La *Bhagavad-Gîtâ* dit que « le vrai yoga est habileté dans l'action ». Lien avec le silence fécond.

Mort et solitude

... et depuis que j'ai trouvé le chemin du mont Sokei, je sais que la naissance et la mort ne sont pas différentes.

Maître Dogen, *Shobogenzo.*

Il est une autre peur : celle du silence lui-même.

Une dame, veuve d'une soixantaine d'années, me disait récemment : « Je n'aime pas le silence et je laisse parfois deux télévisions allumées dans mon appartement, qui est grand, afin qu'il y ait présence de sons partout où je vais. » Elle fait partie de ces innombrables personnes qui ne peuvent vivre sans un accompagnement sonore incessant et chez qui le réveil-radio remplit parfaitement son rôle de premier compagnon de la journée.

Cette peur-là est bien sûr celle de la solitude.

Lorsqu'on est veuf ou veuve, qu'on a connu des maisons habitées de rires d'enfants, de paroles d'adultes, le vide doit être difficilement supportable si on ne s'habitue pas à sa densité ; et puis, cette existence d'un silence perçu comme absence, tellement angoissante pour certains, signifie aussi la proche et inéluctable présence du monde de la mort. Cela, combien de gens me l'ont dit : quelle drôle d'idée d'écrire un livre sur ce sujet, c'est pas très gai, pour nous, le silence, c'est le définitif, celui du tombeau ; on a le temps de mourir, on sera bien assez silencieux ensuite...

Curieuse définition sur notre parcours que celle du

bruit qui égale vie et du silence qui égale mort. Que cette dernière soit perçue comme passage vers un au-delà mythique mais inconnu ou comme cessation définitive des processus biologiques, destruction totale de l'entité, le silence qui entoure ce trou noir est l'image même du drame. Bouleversement radical de l'ordre des vivants qui remet en cause le sens de l'existence.

L'atmosphère silencieuse qui règne dans une maison endeuillée, lorsque les pleurs, signes humains, ne la troublent pas, a quelque chose de profondément poignant. Présence de l'Hadès, lieu de l'ombre.

Ambiance d'autant plus chargée que la société moderne ne sait plus comment s'exprimer devant l'ultime accident de parcours : les bons repas qui suivaient la mise en bière sont jugés archaïquement honteux, les secours de la religion utilisés seulement parce que, pourquoi pas, on ne sait jamais, un bel enterrement fait une sortie digne, les dernières volontés du mourant se trouvent remplacées par les comptes du notaire et le difficile calcul des impôts de succession, et les vêtements de deuil, le noir étant devenu couleur de mode, suppléés par un discret et éphémère calicot...

Et si le silence du mort s'avère par trop insupportable au survivant, il ne lui reste plus qu'à aller voir des spirites qui, guéridons et médiums aidant et tournant, feront parler (ou écrire) la voix chérie d'outre-tombe. Ces pratiques se multiplient et prospèrent, des avertissements de l'au-delà sur le sort douteux de notre monde nous parviennent même par l'intermédiaire des médias qui n'en loupent **pas** une pour servir de chambres d'échos (funéraires)... Toute la dramatisation de ce qui touche à la mort, toute cette « expression obli-

gatoire des sentiments » (Marcel Mauss), a été éva-
cuée en Occident avec la valeur cathartique que pou-
vaient avoir ces manifestations collectives. Et seules
les vitrines des pompes funèbres avec leurs bouquets
en plastique et leurs marbres dorés sur tranche nous
rappellent qu'un peu de cérémonial doit marquer le
passage du dernier seuil. Demeure la douleur solitaire
et son corollaire, l'affreux silence du désespoir. Il n'y
a plus guère chez nous de cette esthétique funéraire
d'une population qui est comme la grille et la clé symboliques de sa situation dans le monde : comment une
société se situe-t-elle *entre les mondes*?

J'ai raconté ailleurs [1] la cérémonie de crémation de
mon maître zen au Japon : le crépitement du feu faisant éclater os et enveloppe charnelle du cadavre me
semble faire partie d'un rite moins angoissant que
celui de la mise en terre. Car, après les dernières pel-
letées jetées dans la fosse sur le cercueil, le silence de
glaise et d'obscurité larvaire qui s'abat sur le mort,
qu'on mure d'une dalle massive, poids d'oubli pan-
carté, « hurlements humains marmoréens d'un supplé-
ment d'existence » (Lagrange), tout ce processus me
semble avoir quelque chose de terrifiant dans son idée
même. C'est vraiment l'acte de jeter quelqu'un dans la
fosse boueuse, geste de fixation morbide, il, elle, est
là, là-dessous, grouillant de vers puis os blanchis, net-
toyés, qui retournent doucement à leur état de poussière originelle, atomes de l'univers. Il est vrai que la
nature suit là son cours naturel, toutefois je préfère la
destruction du corps par le feu, annihilation solaire
de la fournaise qui donne des cendres, c'est un proces-

1. *Le Rire du Tigre*, éd. Albin Michel.

sus clair et rapide de transformation. On met ensuite ces cendres dans une urne ou on les disperse, au choix, d'un geste auguste de semeur comme Gabriel Matzneff le fit sur les ruines de Rome pour celles de Montherlant, ou d'un avion au-dessus des Himalayas, comme ce fut le cas des restes d'Indira Gandhi. Personnellement je préfèrerai les voir sous un arbre. D'autres, sous marbre.

J'ai assisté à des crémations en Inde et avoue avoir été fasciné par la simplicité du rituel : je me souviendrai toujours de ce vieil homme, cheveux blancs, visage buriné par l'âge et le soleil, qui avait perdu sa compagne et qui était venu l'accompagner dans son dernier voyage vers les bords du Gange, à Patna. Il était triste mais digne. Elle, je vis son visage lorsqu'on ouvrit le linceul pour la mettre sur le bûcher : beau visage ridé, calme, digne. Des bûches la recouvraient. Le feu fut mis à la paille. Pendant qu'il flambait, la tête du vieux fut rasée puis il se lava dans le fleuve, pria dans l'eau en levant ses mains noueuses jointes. Les assistants repoussèrent avec des bâtons les os dans le brasier, lorsqu'un pied fit mine de se détacher. Le feu était feu, amas de flammes et de bûches fumantes dans des crépitements, foyer brûlant.

Quand tout fut consumé, les cendres furent triées, une partie jetée au Gange, fleuve sacré, quelques-unes données au vieux, qui les prit dans un petit récipient de terre et s'en retourna vers sa campagne. Seul.

Il était fantastiquement digne dans sa tristesse. Il avait assisté, sans une parole, à la métamorphose totale de l'être aimé. Ne restait que le silence du souvenir. Cendres froides.

Éloge du silence

> *Je me fuis, je m'éloigne*
> *Tout ce qui fut part en poussière.*
> *Mon âme comme un voile se perd*
> *Se dérobe et se cache à l'horizon*[1].

Chaque rite a sa beauté et la mise en terre le sien. Il est vrai aussi que l'être humain « posant son cercueil à même le sol reconnaît son silence, son immobilité et son impuissance. A notre temps, les morts font la leçon. Au lieu d'être des statues ou des cadavres immobiles, inertes, ils disent de par leurs yeux fermés et leurs corps engloutis que la vie continue. Quand tout est fini, un monde entier est délivré. Et s'il pleure, c'est de commencer à vivre. Voici la mort naturelle, biologique, comme en termes savants elle peut se dire. Et ceux qui s'en vont ou sont partis ne laissent aucune assurance, aucune certitude. Et ne disent aucun mensonge [2]. »

La mort est l'ultime vérité. C'est son escamotage qui est laid non sa présence, inéluctable. Mais cette peur ne date pas d'hier : car on cache la mort, on préfère la symboliser avec sa faux et son squelette, et on l'isole de plus en plus depuis le XIII⁰ siècle, date de l'invention du cercueil, cette boîte à repos éternel qui donne l'illusion du dernier lit. En réaction, aujourd'hui, en Californie, existe une industrie de l'embaumement qui permet de mettre le cher disparu dans une boîte de verre où on le trouve assis à sa table de travail, saisi dans l'acte de gagner des dollars, ou dans son fauteuil,

1. Fragment d'un poème de Fourouk Farnohrzad.
2. Bruno Lagrange, in *La mort est une autre naissance*, éd. Seghers.

lisant pour l'éternité les cours de la Bourse d'un journal qu'on suppose choisi un jour de forte hausse afin que ses yeux exultent à jamais dans son paradis de financier. Mamy pourra le rejoindre avec son tricot, impeccablement mise et maquillée, un savant laquage à plastification invisible lui donnant vraiment l'air de prendre le thé pour toujours. Et même le caniche pourra être de la fête. On imagine facilement ces vitrines devant lesquelles tous les membres de la famille défilent, fiers de ce silence studieux pour l'éternité, image du bonheur réussi, exemple aux jeunes générations qui, pourquoi pas, pourraient elles aussi leur jour venu, faire partie du décor, dressant ainsi une saga digne à sa façon de celle des pharaons : *l'american establishment* fossilisé. Manque cet essentiel : la pyramide et ses secrets.

En fait, on est toujours ridicule devant la mort, cette absence radicale. Remis dans la vraie dimension des choses, devant leur absolue précarité.

J'ai un ami, éditeur, qui après m'avoir reçu à sa table, me fit visiter sa maison, son jardin, le vieux village et termina la balade par le cimetière, doté d'un splendide point de vue. Il s'arrêta alors devant une plaque de marbre, nue sous un cyprès et dit : « Voilà, et c'est là qu'on finira. » La visite était complète et j'admirai ce spécimen d'homme qui avait intégré sa mort dans son plan de vie.

D'autres ont des caveaux ou des niches dans des crématoriums, des concessions à perpétuité... Pourquoi pas, on aime tous son vêtement de chair et il faut bien penser, suivant l'expression consacrée, à ce qu'il repose en paix.

Avez-vous remarqué que, dans le silence des cimetières, les visiteurs ont toujours des gestes un peu gauches, une démarche comme cassée par la présence du royaume des morts, une mine spécifique, empreinte d'une gravité qui n'est pas feinte car, en ce lieu-là, c'est en fait leur existence même qui se trouve remise en question et la blessure vive de leurs souvenirs mise à nue. Cimetières. Vivant à Paris je traversais souvent celui de Montparnasse pour me rendre chez Albin Michel (albus michaël, l'archange blanc, joli nom) : moment de calme dans l'enfer de la circulation citadine que cette marche à pied au milieu des tombes. Parfois je croisais un enterrement : scène qui me frappait par son aspect toujours furtif. Tout le monde ne peut avoir la cohue de celui de Sartre, certes...

Cimetières... Mais que je pense à celui de Gènes avec ses statues torturées, démentes, ses anges grandioses, ses tombeaux à colonnades, ou à celui de Forcalquier, sublime du fait de son labyrinthe végétal, admirablement taillé, qui paraît être le reflet, à travers le miroir, d'un jardin d'*Alice au pays des merveilles,* ou encore à ces sarcophages de nos rois gisants de la basilique Saint-Denis, ou à ces simples tombes musulmanes faites d'une pierre et d'un remblai de terre, si bouleversantes de simplicité et qui me paraissent être la vraie image de la mort, ce *il fut, il n'est plus,* lorsque je pense à tous ces lieux de sépultures rencontrés à travers le monde et qui, tous, expriment le vide laissé et le mystère de cet événement si drastique, je me demande quel démon de l'espèce fait que les êtres humains osent toujours se massacrer au nom d'idées éphémères au lieu de glorifier la vie, et son respect.

Dans l'impressionnant, deux demeures mortuaires se situent aux extrêmes les catacombes, ces nécropoles collectives, ces charniers où s'entassent, hallucinantes, des montagnes de crânes et de tibias enchevêtrés au fond des cryptes et souterrains sombres, cités obscures dont le silence est seulement troublé par des gouttes d'eau qui tombent, une à une, et par l'éclat des lampes torches et l'écho démultiplié des pas qui passent, transis, entre ces murs d'os et de dents, derniers rictus du néant.

Et puis les tombeaux de saints, tels ceux des marabouts de l'islam qui ont droit à un tas de pierres plus imposant que les tertres d'alentour, surmonté de pièces de tissu volant au vent, fanions de misère, pauvres preuves que les restes de celui qui gît là fut habité d'une énergie supérieure, vraie incarnation de l'énergie divine. Parfois c'est une tombe d'un blanc immaculé qui honore les très grands saints, telle celle du sage Rumi à Konya en Turquie, qui est surmontée d'un immense turban : l'atmosphère sereine et vibrante du lieu me laissa un souvenir impérissable, vrai lieu sanctifié par la dépouille mais aussi par ces innombrables pèlerins qui viennent honorer en silence la mémoire d'un homme juste, afin d'être touchés par sa *baraka* intemporelle, par la grâce qu'on dit émaner de sa vie, et de sa mort, exemplaires. Robert Graves a bien défini ce concept : « *Baraka* est la version musulmane du caractère de sainteté qui s'attache aux édifices et aux objets lorsqu'ils ont été utilisés avec amour pendant des années par des personnes de grande bonté. »

Il faut alors parler du silence curieux des reliques dont une force émane, vrai souffle des ossements (*ob* en hébreu), comme si la charpente du corps gardait, ainsi que les pierres des ruines, certaine mémoire de l'influx de l'existence passée, si celle-ci fut irradiante...

Un autre « silence de mort » m'interpelle encore : celui du tombeau vide du Christ. Non que je veuille discuter la réalité du phénomène de la résurrection, symbole d'un mythe parfait, historiquement indémontrable. La seule preuve, autre que textuelle, que nous ayons de la poursuite effective de l'action du Christ se trouve dans la présence vivante de son enseignement qui, au-delà même de ses églises, ces « sectes qui ont réussi », perdure en effet aujourd'hui et même ressuscite (suscite) encore, quand on le croyait aussi moribond que Lazare, comme en témoigne le renouveau christique dans les consciences et son actualité charismatique chez maints jeunes. L'apparent échec de la mort de Jésus s'est métamorphosé en de toujours nouvelles interrogations, naissance de l'esprit à une autre réalité, qui serait supratemporelle, supraphysique. Et c'est de ce silence-là dont il nous faut parler à présent : il est une arme pour lutter contre la peur de ce silence qui a pour nom solitude.

Pourquoi le Christ dit-il qu'il restera avec nous jusqu'à la fin des temps ? Il veut marquer par là que son expérience, dans sa densité invraisemblable, ne fait que marquer l'existence d'une strate de l'esprit humain, un état qui est en nous, caché mais accessible. Et comme tout langage de sage, universel, il parle aux êtres humains dans le temps, le siècle, l'environnement qui est le leur. Nous ne percevons pas la même chose dans la Bible hier et aujourd'hui : elle se révèle, comme tout texte sacré, toujours nouvelle. Adaptée aux circonstances.

Réflexion valable aussi pour les paroles de Bouddha, de Mahomet, de Lao Tseu pour ne citer qu'eux.

Pourquoi Mahomet, justement, dit-il : « les hommes sommeillent, c'est quand ils meurent qu'ils s'éveillent » ? Cette phrase, sous des formes diverses, se retrouve reprise par tous les prophètes, les saints, les chamanes, les sages et les poètes de l'humanité. Pourquoi est-il dit dans le bouddhisme que nous devons mourir à cette vie afin d'entrer vivants dans la mort ? Pourquoi saint Paul, parlant du Sauveur, dit-il que « la mort a été engloutie par la vie » ?

Il existe une parcelle d'éternité en nous. Au sein de notre moi composite existe un fragment qui vient du non-créé et poursuivra sa route, à la fois sans nous et avec nous, puisque nous en faisons partie. C'est cela la claire lumière qui nous fonde et dont parlent tous les mystiques, chacun avec ses termes et sa culture : expérience qui transcende l'espace-temps, car elle s'enracine dans la source, dans l'originel.

Étincelle dont l'amour fait partie : « Celui qui n'aime pas demeure dans la mort », dit encore le Christ. Conscience pure qui *est* toujours là : « Homme, souviens-toi que tu es poussière et que tu retourneras à la poussière », nous rappelle l'Ecclésiaste, souviens-toi aussi que tu es lumière et que tu retourneras à la lumière. Et c'est la raison pour laquelle Christ dit que le royaume des cieux se situe en nous-mêmes : le corps est un temple de l'esprit éternel qui se manifeste par notre vie.

Corps physique, corps psychique, corps spirituel

coexistent dans chaque être et l'immortalité est présente dans la substance mortelle sous forme d'un flux qui passe à travers nous.

Faire silence en soi, consciemment, c'est déjà toucher ce flux, ce principe de vie qu'on nomme âme dans le christianisme et que Claude Tresmontant appelle joliment le « principe d'information », ce principe qui anime une matière et lui donne une forme. Jean-Yves Leloup me raconte l'histoire d'un philosophe russe qui, à Moscou, passant devant un cimetière lui demande : « Où est l'âme là-dedans ? » et auquel il répond : « L'âme, c'est justement la différence qui existe entre vous qui êtes debout et ce tas de matière. »

Certes, la rupture de la mort ne peut être perçue que comme une sorte de scandale, un traumatisme brut, un passage terrible, une initiative redoutable pour tous, ceux qui restent encore un peu, ceux qui s'en vont. Encore faudrait-il apprendre à vivre la mort, à l'intégrer en nous. Un grand médecin tel Léon Schwartzenberg se doit de dire : « Ce grand glissement silencieux dans l'ombre qu'on a pour habitude d'appeler la mort devrait être empreint de simplicité. Un être humain a droit à sa mort comme il a droit à sa naissance. C'est dire qu'il a avant tout droit à sa vie [1]. » Il nous faut la comprendre, cette vie, pour pouvoir « entrer vivant dans la mort » comme le préconisait Christ. Gurdjieff, cet artisan de l'éveil, avait bien vu [2] qu'un être humain, « aussi bien dans la vie qu'après la

1. *Requiem pour la vie*, éd. Le Pré aux Clercs.
2. *Fragments d'un enseignement inconnu*, éd. Stock.

mort, peut être d'une qualité très différente ». L'*homme-machine* pour qui tout dépend des influences extérieures n'a aucun avenir d'aucune sorte : il est enterré, et c'est tout ; « il n'est que poussière et retourne en poussière. Pour qu'il y ait une vie future (de quelque ordre qu'elle soit), il faut une certaine cristallisation, une certaine fusion des qualités intérieures de l'homme ; il faut une certaine autonomie par rapport aux influences extérieures... Alors " quelque chose " pourra résister à la mort du corps physique... », écrit-il.

D'après les maîtres zen, c'est « ici et maintenant » que peut et doit se réaliser le processus de libération. Aux questions métaphysiques, Bouddha (Shakyamuni = le silencieux du clan des Shakya) répondait « par un noble silence ». Son but était de diminuer peur et souffrance grâce à des pratiques de non-violence, de compassion et de méditation qui amenaient guérison, réalisation autonome de la personne, et qui lui faisaient toucher le mystère dans cette vie même. En effet, à quoi bon penser à des vies futures, à des réincarnations si l'on n'est pas capable de s'*incarner* ? Comment espérer voguer dans le silence si on ne le découvre pas en soi, d'abord ?

Thabor. Lieu de la transfiguration.

Que signifie le « Je suis la vérité » du Christ ? Le terme grec, *Aletheia,* veut dire simplement : je suis sorti de ma léthargie, je suis éveillé. Être dans la vérité, être vrai, c'est s'éveiller à une réalité intangible qui, en silence, nous parle depuis le commencement des temps.

Les mots sont des prisons : non seulement ils limitent sans cesse mais de plus on peut leur faire dire

n'importe quoi. Quand je pense ainsi qu'on a traduit
« *metanoïa* » par « convertissez-vous » puis, bien pire,
par « faites pénitence », « repentez-vous », quand ce
terme signifie que le *nous,* l'esprit, aille au-delà de lui-
même! Quelle différence, qui a marqué de son fer des
générations de pauvres croyants sous le joug!

« Transformez-vous », « Entrez en métamorphose », a un autre parfum... tellement plus proche de
nous. Cette mutation est réalisable en notre vie
actuelle, sans attendre aucune éventualité future et
aléatoire. En fait, « l'âme gît au point où le *je* se
décide. Nous sommes tous doués d'une âme depuis
que nous avons risqué, sauvé notre existence au premier passage » (Michel Serres). L'âme habite le corps.

Oui, la mort est retour au secret du silence.

Oui, ce secret existe en nous.

Il a un passé. Il a un futur.

Pour clore cette réflexion sur la mort, j'aimerais
redonner parole à deux disparus récents, dont l'œuvre
a marqué notre siècle. Mircea Eliade qui dans son
livre *Mythes, rêves et mystères* [1] écrivait en 1954 : « si
l'on connaît déjà la mort *ici-bas,* si l'on meurt d'innombrables fois, continuellement, pour renaître à *autre-
chose,* il s'ensuit que l'homme vit déjà *ici-bas,* sur la
terre, quelque chose qui n'appartient pas à la terre,
qui participe au sacré, à la divinité, il vit, disons, un
commencement d'immortalité, il mord de plus en plus
à l'immortalité. Par conséquent l'immortalité ne doit
pas être conçue comme une survivance *post mortem,*
mais comme une situation qu'on se *crée* continuelle-

1. Éd. Gallimard.

ment, à laquelle on se prépare et même à laquelle on participe *dès maintenant,* dès ce monde-ci. La non-mort, l'immortalité doit être conçue alors comme une situation-limite, situation idéale vers laquelle l'homme tend de tout son être et qu'il s'efforce de conquérir en mourant et en ressuscitant continuellement. »

Et Krishnamuti, qui après avoir tant parlé s'est tu lui aussi. Seuls, muets, vont continuer à parler ses livres. Et les exégètes.

A l'annonce de sa mort par un coup de fil du journal *Libération,* qui voulait des renseignements sur l'homme, point de recueillement : les amis présents ce jour-là à la maison donnent leur point de vue sur l'homme, sur l'action. Relevons en vrac :

— Métaphysique décapante qui préconise le retour sur soi...

— Son honnêteté absolue...

— Que laisse-t-il? Rien, aucune pratique effective, juste du discours...

— Mais c'était un Socrate moderne..., etc.

Lui qui disait : « Nous savons ce qu'est la mort, ainsi que la peur extraordinaire qu'elle suscite. C'est un fait que nous mourrons tous, que cela nous plaise ou non. Alors nous rationalisons la mort ou nous nous évadons dans des croyances, karma, réincarnation, résurrection ou autre chose, qui ne font qu'alimenter la peur au cours de notre fuite. Et la question est de savoir si nous sommes résolus à aller jusqu'au bout et à voir s'il est possible d'être complètement libres de la douleur, non pas dans l'avenir, mais maintenant, dans le présent. »

Lui aussi, en tout cas, a essayé de vivre libre.

Le dit d'Élohim

Ce qu'il importe d'apprendre est d'une autre manière que par des mots.

Hymne du jeudi saint.

L e récit de la Genèse dans l'Ancien Testament dit : « Au commencement (Bereshith), Élohim (Dieu) *créa* le ciel et la terre. La terre était déserte et vide (tohu-bohu), ténèbre sur la face de l'abîme, et le souffle (l'esprit) d'Élohim planait sur la face des eaux. Élohim *dit* : Que la lumière soit ! Et la lumière fut » (Genèse 1, 3).

Voici donc le premier jour de la Création tel qu'il est décrit par le Pentateuque, cette Loi qui fonde le judaïsme, le christianisme et l'islam.

Première question : Dieu a créé le monde mais qui a créé Dieu ?

Le rabbin Josy Eisenberg dit qu'à cette question-là ne peuvent répondre que l'étonnement et le silence. Notre esprit est incapable de concevoir un être incréé car rien de ce qu'il a vu sur terre n'est incréé.

La Bible commence par un postulat : l'existence de Dieu. Donc, *avant le commencement,* existe une histoire : celle de Dieu.

La Torah débute par la lettre *beth,* seconde lettre de l'alphabet hébreu Le monde de la dualité (ciel-terre, lumière-obscurité...), avant d'être créé, se trouvait précédé par celui de l'unité, l'*aleph* primordial et toute la *guemetria* kabbalistique part de ce point unique, unitaire. On ne peut faire aucune opération avec le *un* sans division ni addition : la possibilité de chiffrer, dénombrer, voire nommer, commence quand *deux* est là. D'ailleurs c'est seulement après avoir créé le ciel et la terre, après avoir accompli la séparation, qu'Élohim parle. Le *souffle* devient alors *son* (verbe) qui frappe le silence obscur et crée la lumière.

Il est curieux de constater, qu'en quelques lignes, apparaissent ici la matière et le vide qui l'entoure, le liquide originel et le vent de la vibration fécondatrice, la nuit et le jour, l'état inanimé et l'impulsion du mouvement, l'étendue du silence et l'ébranlement de l'onde sonore qui le parcourt. Le chiffre et la lettre.

Tous les contraires complémentaires sont présents et la création, ce paradoxe, a ainsi en elle tous les composants nécessaires pour se déployer dans l'espace et le temps, y compris les quatre éléments, eau, air, terre et feu, puisque dans le mot même qui marque le commencement, figure la racine *Esch* (feu) devenue *Isch* qu'on peut traduire par l'homme du feu, l'homme spirituel qui précède donc l'homme terrestre (*Adam* vient de *Adamah* : terre).

Cette lecture spectrale, faite par la Kabbale, du texte de la Genèse, permet de mieux comprendre le fameux sixième jour où Élohim « créa donc l'homme à son image... il *les* créa mâle et femelle », la surprenante histoire de la séparation des deux sexes et de la naissance d'Ève *(Ischa)*, tirée de la côte, « os de mes os, chair de ma chair », ne survenant, elle, qu'au second chapitre. On peut presque déduire de cette narration que l'entité humaine préexiste à la création, ou plutôt, fait partie de son schéma organisateur tout en étant déjà en germe dans le principe.

Élohim leur dit alors : « Fructifiez et multipliez-vous, remplissez la terre et soumettez-la... » (Genèse 1, 28) et ce afin de poursuivre la tâche organisatrice de l'origine. C'est donc un véritable plan qui se déroule dans les premières pages du texte sacré, un programme déjà inscrit dans les structures de l'être primordial et qui ne fait que se manifester dans l'espèce humaine.

La perversion du programme, cette rupture des Vases dont nous parlent les kabbalistes, ne surviendra que plus tard, avec le serpent tentateur qui introduit en fait la guerre dans le modèle humain, guerre entre ce dernier, la nature et l'animal, guerre entre l'homme et la femme. C'est en effet la différenciation vécue du Bien et du Mal qui pervertit le programme initial. Et comment ?

Là encore par des histoires de silence, d'écoute et de parole. Car l'énergie « rusée » et questionnante du serpent, ce beau symbole du psychisme inférieur, obscur, pervertit alors l'innocence de la conscience d'Ève, la pousse à partager le savoir des [1] Élohim et à dessiller ses yeux. En la femme, *Ischa,* issue du feu et de la terre, s'éveille alors l'ambition, le désir du plus, tandis qu'Adam *se tait.* Il se tait même en mangeant du fruit de l'arbre de la connaissance et ne reprend la parole que lorsque Élohim l'interroge et pour avouer tout de suite sa faute en la rejetant avec une lâcheté bien mâle sur sa compagne. La Bible ne donne d'ailleurs pas le beau rôle à Adam. Il se révèle plutôt pleutre,

---

1. Pluriel mentionné dans la Bible.

geignard et d'une faiblesse de caractère peu à son honneur. S'il a réclamé à Élohim le fait d'avoir sa moitié, c'est le cas de le dire, en face de lui (et non en lui), cela ne l'empêche pas de la vilipender une fois la faute commise, qu'il rapporte avec couardise. Tandis qu'Ève, elle, va de l'avant, essaye d'évoluer, de savoir plus et avoue ensuite son larcin sans fausse honte, avec franchise, pour être rudement punie puisqu'elle « enfantera dans la douleur » entre autres joyeusetés promises à l'espèce.

Les rabbins racontent d'ailleurs que la tentation serait survenue après qu'Adam et Ève eurent fait l'amour. L'homme, repu, se serait endormi, tandis que la femme, pleine de la semence, serait entrée dans ce temps féminin unique qui sépare la jouissance (du moins il faut espérer celle-ci à Ève...) de l'enfantement.

Adam, l'acte accompli, dort dans son présent, anéanti par la « petite mort », tandis qu'Ève entre dans un futur riche de virtualités, plein. C'est ce moment propice qu'aurait choisi le serpent, bouche d'ombre, pour insuffler sa tentation. Jolie histoire symptomatique.

Toujours est-il que la malédiction tombe alors sur eux et la souffrance et la mort. En cédant à la sollicitation, c'est-à-dire au rêve et à l'ivresse de la volonté de toute-puissance, nos ancêtres bibliques auraient marqué le genre humain d'une tendance indélébile qui se retrouve dans toute l'histoire de l'évolution, cette longue lutte entre énergies positive et négative, entre puissances mortifères et désir de survie.

Mais, dit clairement Moïse dans le Deutéronome (XXX : 19), en faisant parler Iahvé : « J'ai mis devant toi la vie et la mort, la bénédiction et la malédiction, mais tu choisiras la vie... » C'est là le plus beau conseil qui puisse être donné à l'être. Même en sachant que la transformation de la mort est au bout du chemin, il faut se battre pour la vie, car elle nous a été donnée et ne sera peut-être reprise qu'apparemment.

Avec la vie existe la conscience : c'est là le feu de l'origine. A nous de savoir le rendre intense, en nous, afin que cette flamme continue à porter lumière et que la création se poursuive à chaque instant, ordre dans le désordre, vie dans la mort, clarté dans l'obscur.

Dans cette méditation sur l'alpha et l'oméga, j'ai outrepassé le conseil de Rimbaud dans sa *Lettre du Voyant*: « Des faibles se mettraient à *penser* sur la première lettre de l'alphabet, qui pourraient vite ruer dans la folie! » Mais en cette exploration des arcanes d'une création où le mythe devient symbole, ne s'agit-il pas d'un *au-delà de la pensée*? Qui rejoint la lutte silencieuse de Jacob avec l'ange? Avec son double?

La pire chose qui puisse arriver aux hommes de la Bible réside dans le silence de Iahvé; par chance, par la bouche de ses divers prophètes, c'est un dieu relativement bavard qui sait admonester et gronder son peuple mieux que personne, en étant tout à fait capable aussi de laisser, pour les éprouver, de fidèles serviteurs tel Job longtemps sans nouvelles, malades sur leur fumier. Ce pauvre Job, jadis riche et écouté, « on gardait le silence devant mes conseils », à présent ruiné, perclus de maux et qui se lamente :

Je ressemble à de la poussière et de la cendre.
Je crie vers toi et tu ne me réponds pas (Job, XXX, 19, 20).

Dans la Bible, le silence de Dieu est la punition suprême.

Mais *« que toute chair fasse silence devant l'Éternel! »* (Zacharie, II, 13). Car *« il est bon d'attendre en silence le secours de l'Éternel »*... (Lamentations, III, 26).

Le silence d'attente et de soumission au silence divin est le lot humain.

Ce sont les Proverbes, dits de Salomon, qui m'ont livré les plus belles phrases bibliques sur la place du silence et de la parole :

Par la bénédiction des hommes droits la ville s'élève,
mais par la bouche des méchants elle est détruite.
Celui qui est privé de cœur méprise son prochain,
mais l'homme intelligent garde le silence.
Celui qui va colportant, révèle les secrets,
mais celui dont l'esprit est sûr cache la chose.
(XI, 11, 12, 13)
Les pensées des justes sont équité,
les directives des méchants, tromperie.
Les paroles des méchants, des embûches meurtrières
mais la bouche des hommes droits les délivre.
(XII, 5, 6)
Celui qui garde sa bouche et sa langue
se garde lui-même des tourments. (XXI, 23)

Il faut citer aussi ici le psaume XIX qui est un magnifique hymne à la création :

Les cieux rayonnent dans la splendeur saphirique
de la gloire de Dieu,
et le firmament proclame l'œuvre de ses mains.
Le jour en fait le récit au jour,
la nuit en donne connaissance à la nuit.
Point de discours, point de paroles,
leur voix ne se fait pas entendre,
et sur toute la terre s'étend leur harmonie,
et leurs accents vont jusqu'aux confins du monde...

Autre façon de rendre compte des énergies en œuvre dans le silence du mystère de la création, qui se renouvelle toujours, comme nous le rappelle Mircea Eliade, *hic et nunc*, dans un présent infini.

Il y a aussi la belle histoire du prophète Élie qui monte « à la montagne de Dieu », l'Horeb. Là, il entre dans une grotte où il passe la nuit. Au jour souffle un vent très violent mais Iahvé n'est pas dans le vent. Et après le vent, un tremblement de terre, mais Iahvé n'est pas dans le tremblement de terre. Et après un feu. Mais Iahvé n'est pas dans le feu.

Après le feu vient une brise douce et légère. Dès qu'il l'entend, Élie enveloppe son visage d'un manteau et sort de la grotte. Alors une voix lui parvient, qui dit : « Qu'as-tu à faire ici, Élie ? »

Le terrible dieu des armées se révèle donc là dans un « murmure doux et léger » selon une autre traduction, phrase qu'on pourrait aussi traduire, nous dit Annick de Souzenelle, mot à mot par : « une voix silencieuse comme réduite en poudre [1] ».

1. Voir son ouvrage *De l'Arbre de vie au schéma corporel*, éd. Danglès.

Enfin, on se doit de citer dans ce petit florilège, l'Ecclésiaste :

Il y a réprimande hors de saison,
Tel est silencieux qui est vraiment sensé.
Il vaut mieux reprendre que s'irriter. (XX, 1, 2)
Tel, silencieux, est jugé sage,
Tel se fait détester par son langage abondant.
Il y a le silencieux qui n'a rien à répandre,
Il y a le silencieux qui connaît le temps.
L'homme sage se taira jusqu'au temps,
Mais l'homme vantard et stupide dénoncera le temps.
(XX, 5, 6, 7.)

Le silence attentif permet de coller au temps juste. Et donc à l'action adéquate.

Je m'assieds à l'ombre d'un olivier et ouvre la Bible de la Pléiade. Les auteurs de cette excellente traduction du Nouveau Testament, Jean Grosjean et Michel Leturmy, ont établi à la fin de l'ouvrage une table de concordance des termes.

J'y trouve le mot silence. Et, surprise, m'aperçois qu'il n'est employé, sur neuf cent neuf pages, que cinq fois ! Et la traduction ne le met pas une seule fois dans la bouche du Christ, lui qui « faisait entendre les sourds et parler les muets ». Lui qui dit au vent et à la mer : « Taisez-vous. Assez !... et un grand calme se fit » (Marc, IV, 39), la tempête s'apaise... et les foules sont « frappées de son enseignement » et il « muselle » les Sadducéens et parmi les Pharisiens « personne ne put lui reprocher un mot. Et de ce jour-là nul n'osa plus le questionner » (Matthieu, XXII, 33, 34 et 46).

On trouve le mot lui-même d'abord dans les Actes

des Apôtres (XXI, 40), où Luc raconte que Paul, confronté en Jérusalem à une horde de Juifs haineux, demande au tribun, qui l'a arrêté comme fauteur de troubles, la permission, accordée, de parler au peuple.

... « Paul debout sur les degrés fit signe de la main au peuple. « Il y eut un grand silence et, s'exprimant en hébreu, il dit :

« Frères, pères, écoutez maintenant ma réponse.

« Quand ils l'entendirent s'exprimer en hébreu, ils redoublèrent de silence... »

Paul leur raconte alors sa conversion sur le chemin de Damas : « Vers midi une grande lumière du ciel m'a ébloui ; je suis tombé par terre et j'ai entendu une voix me dire : " Saül, Saül, pourquoi me poursuis-tu ? " »

Et Paul précise : « Ceux qui étaient avec moi ont bien vu la lumière mais ils n'ont pas entendu la voix de celui qui me parlait... », phrase dont on pourrait déduire que le message divin, tout de silence, ne devient intelligible qu'à ceux qui doivent l'entendre.

Puis, dans la première épître à Timothée (II, 11, 12), missive que le même Paul adresse à un compagnon, qui s'occupait alors de l'église d'Éphèse, épître où il continue à consolider les principes de base devant régir les communautés chrétiennes, après avoir parlé du rôle de la prière : « Je veux que les hommes prient en tout lieu, en levant pieusement les mains, sans colère, ni raisonnements », il exhorte les femmes à avoir une tenue décente afin de vénérer Dieu, et écrit des paroles qui nous semblent aujourd'hui symboliser une phallocratie typique. Dans ce texte se retrouve deux fois le mot silence, accommodé à la sauce judéo-chrétienne : « Que la femme apprenne en silence, en toute soumission; et je ne permets pas à la femme d'enseigner ni de prendre autorité sur l'homme, mais de garder le silence. Car Adam a été fait le premier, et Ève ensuite; et ce n'est pas Adam qui a été séduit, mais la femme qui, une fois séduite, en est venue à transgresser. Mais elles seront sauvées par la maternité, si elles demeurent dans la foi, la charité et la sanctification, avec du bon sens. »

Vingt siècles après, que dire de cette image de la femme qui doit se taire? Principes oppressifs qu'on retrouve dans la première épître de Pierre (III, 1, 3, 4) où il est dit : « Femmes, soyez de même soumises chacune à votre mari pour que ceux qui seraient rétifs à la parole soient gagnés *sans paroles* par la conduite de leurs femmes... Vous n'avez pas au-dehors à vous parer de cheveux tressés, de cercles d'or et de vêtements ajustés, mais dans le secret du cœur, avec l'indestructibilité d'un esprit calme et doux. »

Enfin, Jean, dans l'Apocalypse (VIII, 1), emploie notre mot-valise dans un passage célèbre où culmine cette révélation du prophète qui marquerait la fin des temps : « Quand il a ouvert le septième sceau, il y eut un silence dans le ciel comme d'une demi-heure. Et j'ai vu les sept anges qui se tiennent devant Dieu et on leur a donné sept trompettes... » Taratata, bruit et fureur, le silence n'aura pas duré longtemps.

Dans l'introduction de cette Apocalypse, Jean Grosjean écrit que, « retournant la célèbre formule, on pourrait dire qu'ici la mort est l'ensemble des forces qui luttent momentanément contre la vie », ce en un commentaire de l'une des dernières phrases de Jean qui, citant le Christ, dit : « Que celui qui veut prenne gratis l'eau de vie » (Apoc. XXII, 17) et donc s'éveille à la réalité au lieu de rêver.

Mais le vrai écho du silence, je le trouve dans ces phrases de la première épître de Jean (III, 14, 18) : « Nous savons que nous sommes passés de la mort à la vie parce que nous aimons nos frères, mais celui qui n'aime pas demeure dans la mort... Petits enfants, n'aimons pas en parole, avec la langue, mais en œuvre, avec vérité... » Phrase magnifique car elle rejoint le silence du Christ qui, au désert comme sur sa croix, n'est pas dit mais vécu.

Il faut aller en fait vers l'évangile apocryphe de Thomas pour trouver, au logion 50, non le mot lui-même mais ce qui me semble en être une splendide définition : « Jésus a dit : S'ils vous demandent : D'où êtes-vous nés ? Dites-leur : Nous sommes nés de la lumière, là où la lumière est née d'elle-même ; elle s'est dressée et elle s'est révélée dans leur image.

« S'ils vous demandent : Quel est le signe de votre Père qui est en vous ? Dites-leur : *C'est un mouvement et un repos* [1]. »

Les brèves paroles et injonctions du Christ venaient du silence et retournaient à lui. Beaucoup prêtent l'oreille à ses mots mais peu écoutent ses silences. Pourtant c'est en eux qu'il guérit.

Éveille l'âme.

Ponce Pilate demande à Jésus : Qu'est-ce que la vérité ? Et le Christ se tait.

Le poids infini de son silence nous invite à incarner la vérité plus qu'à en discourir.

1. Voir *Évangile de Thomas*, traduction et commentaires de Jean-Yves Leloup, Albin Michel.

Non « avoir » la vérité et l'imposer mais être, devenir la vérité.

Être vrai.

Edgar Morin, dans le tome III de sa *Méthode*[1] écrit : « Qu'est-ce qu'un esprit capable de concevoir un cerveau capable de produire un esprit ? » Pour constater : « notre intelligence n'a pas atteint son épanouissement, notre conscience est encore barbare... nos possibilités spirituelles sont encore sous-développées, et les civilisations jusqu'à présent n'en ont permis que des développements unidimensionnels... »

Vision pour le troisième millénaire ? Oui.

[1] *La Méthode*, éd. du Seuil

Le calme méditant

La méthode de la purification de l'esprit
Consiste en ceci :
D'abord, se concentrer.
Ne pas écouter par l'oreille mais par l'esprit.
Ne pas écouter par l'esprit mais par le souf-
fle.
L'oreille écoute, l'esprit représente,
Seul le souffle se conforme à toute situation
Car il est vent vide.
Et le Tao chevauche le vide,
Le vide purifie l'esprit.
Dans le vide de l'esprit pénètre la lumière
Comme le paysage par la fenêtre d'une pièce
vide.

Tchouang Tseu.

L'esprit du bouddhisme zen et du silence, eux aussi, ne font qu'un.

En effet, le principe même de la méditation préconisée par le Bouddha s'enracine dans ce qu'il appelle « le silence tranquille et la vision intérieure ». Que donne « la tranquillité silencieuse développée en soi? Cela permet à la conscience de croître. Et quel est le profit d'une conscience développée? Les désirs multiples se trouvent remis à leur juste place et peuvent être abandonnés. Et quel profit apporte l'intériorité développée? Elle permet à la sagesse de s'élever, sagesse qui conduit à couper les entraves de l'ignorance... » C'est ainsi que le Bouddha parlait il y a deux mille cinq cents ans à ses disciples, fondant ainsi une véritable science de l'introspection [1], que l'Occident redécouvre aujourd'hui.

J'emploie le mot science à dessein : j'ai toujours été frappé par le fait que la religion chrétienne, par exemple, ne nous donnait aucune technique moderne, applicable à la vie quotidienne, et permettant à l'être

1. Voir *Sur les pas de Bouddha*, éd. Albin Michel.

de vraiment progresser sur la voie de l'éveil de son esprit. Bien sûr, existent les retraites, l'examen de conscience, la prière, le confessionnal, la communion, tous actes d'abandon de soi qui permettent de considérer ses propres faiblesses et de s'ouvrir à une réalité qu'on appelle transcendante mais qui, en fait, est d'abord ouverture au silence en soi. Le bouddhisme, particulièrement dans sa branche zen au Japon, Ch'an en Chine, nous lègue une véritable technique d'auto-analyse, applicable sans abandonner ou préjuger d'aucune croyance religieuse et philosophique; il s'agit simplement là d'employer une posture physique qui fait travailler les trois axes fondamentaux de notre fonctionnement : le flux *de la respiration,* qui doit être long, lent, abdominal, *la rectitude de la colonne vertébrale,* ce pivot où siègent notre moelle substantifique et les systèmes nerveux et orthosympathiques, et enfin *notre ordinateur central, le cerveau,* ces trois éléments étant indissolublement liés.

Cette posture, dite *zazen,* le zen assis, et que j'appelle familièrement *zaz,* s'avère radicalement moderne : elle allie la méditation profonde à une pratique physique intense quoique immobile, pause calme dans le tumulte quotidien. Il faut donc rester assis, les jambes croisées, le dos droit, l'attention portée sur l'expir puissant; les yeux mi-clos, la conscience allant de « pensée en non-pensée », au fil de toutes ces images qui passent et repassent dans le miroir de notre esprit en une autovision où l'être se dévoile, sans masque possible car le seul témoin est alors soi-même.

« Et l'œil dans sa tombe regardait Caïn », la posture est le tombeau, *le regard intérieur est le seul spectateur de notre être en proie à ses fantasmes et problèmes.*

Mais dédramatisons. Il n'y a pas de juge dans cette confrontation avec soi-même, ni de jugement. Se produit plutôt une décantation salutaire. Pourquoi? On se lasse des fantasmes au fil des minutes qui s'égrènent dans cette immobilité active et les diverses difficultés qui hantent notre existence retrouvent leur juste place Dans l'agitation et le bruit, tout problème devient une montagne. Dans l'arrêt du geste et le silence, ce même problème redevient un élément parmi d'autres et même si celui-ci fait mal, même s'il angoisse, il ne déborde pas, il n'envahit plus le champ de la conscience de façon tyrannique ; toute la force de la posture, tendue comme un arc, toute la puissance de la respiration, vent qui chasse les miasmes, aide à maîtriser ce tigre sauvage, l'esprit, et à l'apprivoiser, le discipliner

Alors arrive la clarté intérieure, lune dans une chambre vide, soleil sur une plage déserte où vient mourir le ressac.

Alors arrive le vrai calme.

Et s'éveille une nouvelle énergie en nous, qui permet d'affronter la réalité extérieure avec une détermination courageuse, une résolution tranquille. En toute sérénité, regard clair.

Se trouve là une véritable thérapie psychosomatique, une pratique de santé mentale. Exercice du silence et renouvellement. Qu'est-ce que la folie sinon l'esprit déchiqueté par son propre bruit et sa propre fureur? La plupart de nos contemporains respirent mal, souffrent du dos et sont obsédés par leurs pensées, qui tournent en eux comme un essaim de mouches autour d'une viande avariée. Il existe une attitude du corps et de l'esprit qui peut lutter contre cette tendance mortifère et nous enseigne que le stress est fatigue bourdonnante, brouhaha déchirant, charivari désaxant amenant un déséquilibre grave, tandis que la découverte du silence intérieur est paix, équilibre retrouvé.

Un jour peu avant sa mort, je demandai au maître zen Taïsen Deshimaru : « *What really about silence ?* » Il haussa les épaules puis, de sa grosse voix bourrue, dit : « *In silence cosmic order can penetrate.* » Oui, dans le silence retrouvé en soi on fait vraiment unité avec l'énergie qui anime le cosmos et nous meut. Nous sommes alors au centre du cyclone, zone immobile.

Nous sommes le port au milieu de la tempête, nous sommes un point fixe autour duquel s'articule et tourne le monde.

Il y a des tas d'histoires dans le zen qui parlent silence. Maître Deshimaru disait que, du silence s'élève l'esprit immortel, en précisant : « La vie actuelle est bruyante, cacophonique. Le yoga et le zen, avec des méthodes différentes, sont des voies de retour au silence, qui est notre nature profonde. Silencieuse, la conscience éternelle continue, en deçà de notre naissance, au-delà de notre mort. Être silencieux : revenir à l'origine de la nature humaine. Faire appel au silence : à partir du silence, parler. La parole devient profonde, le mot juste [1]. »

Le concept « *I shin den shin* », qui signifie littérale-

1. Voir : *La Pratique du Zen.* éd. Albın Michel.

ment « d'esprit à d'esprit », et que maître Deshimaru traduisait par « de mon âme à ton âme », est l'expression zen définissant la communication silencieuse entre deux êtres. Mes voyages au Japon m'ont démontré combien cette forme de rapport était enracinée dans le quotidien nippon.

En Occident, on croit toujours qu'il faut parler pour communiquer et les silences avec d'autres deviennent vite pesants, alors on raconte vite n'importe quoi pour contrer la gêne diffuse, pour annihiler la peur de l'ennui : c'est là une maladie de l'esprit dont nous avons longuement parlé.

La crainte de vivre le silence crée une culture, voire une civilisation, superficielle, qui se coupe de ces moments intenses où l'on se laisse flotter dans les vibrations du milieu ambiant, en une sorte d'osmose subtile d'être à être, au lieu de vouloir sans cesse se projeter en avant avec du discours à l'emporte-pièce qui agite des idées s'avérant souvent d'un manque d'intérêt ou d'une banalité pour le moins affligeante.

Il y a un essentiel chez chacun qui demande à parler, mais qui ne sait pas comment : *il faut d'abord l'écouter se taire.*

Bodhidharma, le grand patriarche venu d'Inde qui, au VIe siècle de notre ère, introduisit la pratique de la méditation bouddhiste en Chine, où elle deviendra le Ch'an [1], avait basé la pratique de son enseignement sur deux principes : transmettre l'esprit par l'esprit, au-delà des lettres, et ce afin d'éveiller l'essence même

1. Aussi orthographié Tch'an.

de l'esprit humain, cette nature de Bouddha qui se trouve en chacun de nous.

La légende de ce Bodhidharma (Daruma en japonais) nous parle des neuf ans qu'il aurait passés en silence, méditant face à un mur abrupt, l'esprit aussi immobile que le roc face à la danse de l'univers, ce qui signifie bien, le roc étant lui aussi composé de particules en mouvement, que seuls les niveaux de densité des situations changent.

On cite moins le très profond récit rapporté par l' « école authentique transmettant la Loi » : à la mort de son père, homme juste dont l'agonie l'avait terriblement marqué, Bodhidharma (appelé alors Bodhitrâta) demeure seul près du tombeau et entre en méditation recueillie, seul durant sept jours. A la fin de cette retraite, ses deux frères lui demandent pourquoi il a fait cela, et il leur répond : « J'ai voulu voir où était allé mon père, mais je n'ai rien vu d'autre que le soleil qui brille sur la terre et dans le ciel [1]. » Ce qui signifie simplement que le cours des choses se poursuit sans cesse et qu'il est inutile de vouloir le retenir.

Le personnage de ce patriarche impressionna toute l'histoire du Ch'an et du zen, qui fourmille de questions posées par des disciples à des maîtres sur le motif de sa venue en Chine, et le sens de son action. Et la réponse donnée l'est presque toujours sous forme de non-réponse : « Demande à un pilier », rétorque Ch-t'eou à l'élève qui persiste : « Je ne comprends pas. » « Moi non plus », dit encore le maître. Le maître King-chan, lui, répond simplement que la question

1. M. et M. Shibata, *Les Maîtres du Tch'an en Chine*, éd. Maisonneuve et Larose.

est hors du sujet. Le moine insiste. Comment la poser, alors ? Et, royal, le maître dit : « Je vous le dirai quand je serai mort. » Un autre maître hausse les épaules en disant dédaigneusement : « Cette question est comme vendre de l'eau au bord de la rivière », un autre encore indiquera : « Tu as pris le même vieux chemin... », ou parlera du cyprès dans la cour ou du vent frais de son éventail... et beaucoup, tout simplement, se taisent en faisant juste un geste.

Tous veulent créer dans l'esprit du disciple qui cherche et se cherche un choc, un éclair de lucidité dans sa conscience où tourbillonnent pensées et questions. Car les maîtres savent que la maladie mentale se guérit par l'état de présence absolue au monde, face à la seule réalité qui existe dans le moment présent. C'est cela qu'on appelle « s'éveiller de son rêve ».

Certains maîtres, du tréfonds de leur silence, emploient aussi des moyens plus radicaux encore pour réveiller leurs élèves et le fameux « bâton d'éveil », qu'on appelle *kyosaku* dans le zen, porte bien son nom. D'autres poussent même l'action plus loin encore, tel le grand maître Rinzaï Ma Tsou qui, à cette fameuse question sur la venue de l'Ouest de Bodhidharma, répond par un fantastique coup de pied qui envoie Chouaï Lia rouler les quatre fers en l'air, coup de pied tellement radical que le disciple se relève en hurlant de rire et déclare, tout en tapant des mains : « Comme c'est étrange ! Comme c'est étrange ! Les samâdhis sans nombre, et toutes les vérités religieuses insondables, je les connais maintenant d'un bout à l'autre comme si tout cela était révélé sur l'extrémité d'un cheveu. »

Puis il salue et se retire tranquillement.

Le farouche maître Lin-Tsi, célèbre pour ses réponses en forme d'exclamation : « Hô ! » un jour, s'amadoua et fit, parce que le moment d'écoute devait être propice, une réponse qui satisfait enfin notre goût de la pensée ruminée. Après avoir déclaré que si, venant en Chine, Bodhidharma avait eu une idée quelconque, il ne serait même pas arrivé à se sauver lui-même, Lin-Tsi explique : « Précisément parce que votre esprit est toujours à courir après chaque objet qui se présente à lui et ne sait pas se réfréner, il a été déclaré par un patriarche que vous cherchez sottement à vous mettre une autre tête par-dessus la vôtre. Si vous tournez votre lumière vers l'intérieur de vous-même comme il vous est dit de le faire, sans délai, et que vous réfléchissiez, et cessiez de chercher des choses extérieures, vous verrez que votre propre esprit et ceux des Bouddhas et des Patriarches ne diffèrent pas les uns des autres. Quand vous avez ainsi atteint un état de non-agir, on dit que vous avez atteint la vérité. »

Cet état de « non-agir », qu'on retrouve dans le Wei Wu Wei (faire sans faire) taoïste, est en fait état d'ouverture silencieuse totale, quiétude lucide, plénitude. L'explication de Lin-Tsi éclaire donc l'entendement. Mais comment ne pas être séduit aussi par la force de la surréaliste réponse de Chi-Chouang qui, en réponse à la question, crie au disciple : « Une pierre, là, dans l'air ! »

Le disciple, interloqué, s'incline.

« Avez-vous compris, demande le vieux maître ?

— Non, vénérable, non.

— Ah, tant mieux pour vous, car si vous aviez compris, votre tête aurait sûrement été réduite en mille morceaux ! »

Oui, la pierre brute de l'éveil aurait pulvérisé ses cogitations, car c'est en effet bien cela qu'il s'agit de faire : briser le cerveau fantôme pour l'ouvrir au réel. D'où ce fabuleux koan zen qui rappelle bien que toutes les visions béatifiques doivent être traitées au même niveau que les fantasmes glauques durant l'introspection méditative : « Si le démon vient, donnez-lui cent coups de bâton, si le Bouddha vient, cent coups de bâton. » Force souveraine de cet état du « laisser passer » les pensées, les laisser passer, passer... quel que soit le schéma qui survient dans le miroir de la conscience ; car l'esprit, pour être clair, doit être libre de toute l'imagerie mentale, de toute question, de tout processus spéculatif ou imaginal.

Koan : un poing fermé ne peut rien prendre, une main ouverte peut tout recevoir.

Maître Deshimaru nous raconta un jour cette jolie histoire [1] :

Dans un petit temple perdu dans la montagne, quatre moines méditaient en zazen. Ils avaient décidé de faire une sesshin dans le silence absolu.

Le premier soir, pendant le zazen, la bougie s'éteignit, plongeant le dojo dans l'obscurité profonde.

Le moine le plus nouveau dit à mi-voix : « La bougie vient de s'éteindre ! »

Le deuxième répondit : « Tu ne dois pas parler, c'est une sesshin de silence total. »

---

1. *Le Bol et le Bâton, 120 histoires zen*, éd. Albin Michel.

Le troisième ajouta : « Pourquoi parlez-vous ? Nous devons nous taire et être silencieux ! »

Le quatrième, qui était le responsable de la sesshin conclut :

« Vous êtes tous stupides, et mauvais, vous brisez la règle, vous avez parlé ! »

Seule la lune par la fenêtre restait silencieuse.

Calme et tranquille.

Vraie sérénité.

Éveils

Plein du seul vide
Ancré ferme dans le silence
La multiplicité des êtres surgit
Tandis que je contemple leurs mutations.
La multiplicité des êtres
Fait retour à sa racine.
Revenir à sa racine
C'est atteindre le silence
Le calme permet de trouver son destin.
Retrouver son destin renoue avec la ferme.
Renouer avec la ferme amène l'éveil.
Ne pas connaître l'éveil
Conduit à la confusion.

Lao Tseu, *Tao Te King*.

Dans l'espace-temps de la méditation, nous sommes toujours sauvés. Ce matin, je me lève difficilement, le visage boursouflé, l'esprit torturé par des rêves bizarres, le corps engourdi, presque douloureux, l'angoisse au ventre. La nuit a été agitée, notre fille s'est réveillée plusieurs fois, en pleurs. Hurlements qui brisent le plein sommeil et extirpent le corps, hébété, d'une sorte de gangue cotonneuse. Dans la pièce à côté, geste de l'enfant qui tend les bras. Face à ces yeux qui pleurent et demandent attention, secours, d'un seul coup toute la lucidité revient, immédiate.

Au matin, je découvre à nouveau ce fait évident : quelques minutes de méditation en zazen suffisent pour décoincer un corps endormi, pour faire émerger une conscience embrumée, mâchouillée par une nuit trop courte. Les images saccadées, diffuses, qui se pressent dans le champ de la conscience disparaissent avec quelques respirations profondes et, très vite, survient l'espace vide, ouvert, où l'esprit retrouve son amplitude, où le corps s'élargit à l'espace de l'univers.

Sentiment fugitif mais qui existe. Présence absolue

Après, la journée s'enracine dans ce commencement, ce *Bereshit* qui la coiffe.

Clarté qui ordonne le tohu-bohu.

Il arrive souvent qu'on se réveille un peu abruti, comme abasourdi par le faux calme du sommeil. Qu'on émerge de rêves peuplés de conversations décousues, d'agitations frénétiques, d'événements bizarres, de rencontres surréalistes, images illogiques dans leur logique, images rapides, fortes, qui prennent les tripes, secouent l'être et questionnent de leurs bribes la conscience de veille du dormeur.

Quel sens leur donner ? Oui, on trouve évidemment certains rapports flagrants. Ainsi, en nombre de rêves, je cours beaucoup et c'est l'exact pendant d'une tension que je porte encore, toujours, en moi, sous l'apparente tranquillité du maintien. En fait, je bouillonne souvent d'énergies à peine maîtrisées et ce flot tumultueux me traverse dans la nuit. *On rêve le rêve mais il est vrai que le rêve nous rêve.* La double face de notre entité s'exprime là.

Vivant sur une colline, chaque aube dévoile un nouveau paysage, le même et jamais le même. S'il n'y a pas de vent, si le mistral ne souffle pas, un certain silence règne jusqu'aux premiers chants d'oiseaux. Le rossignol d'abord, quand la nuit pâlit à peine, puis tous les autres qui se mettent, d'un coup, à émettre des sons, des trilles, des croassements, des cliquetis.

S'il fait beau, la longue arête du Luberon se détache dans le ciel bleu, au-delà de la vallée dont les bruits ne parviennent pas ici. Sinon, s'il fait mauvais, nous sommes carrément dans le nuage, dans un brouillard qui cache même la végétation environnante.

Lorsque je me lève, vers cinq heures, la maisonnée dort encore. Je descends au rez-de-chaussée où se trouvent cuisine, pièce de séjour et mon antre de travail. Je regarde par les baies vitrées le silence vibrant de la nuit et suis ainsi l'évolution de la lune. Puis, presque chaque jour, je prends un zafu, ce coussin japonais rond et m'assieds donc en posture de méditation, en zazen. Je plie mes jambes en lotus, l'une sur l'autre de façon à ce que les genoux touchent par terre, les muscles font un peu mal, tirent puis se stabilisent dans l'effort d'immobilité. Je cambre alors ma colonne vertébrale au niveau de la taille, nouvel effort, nouveau combat contre les mauvaises habitudes prises chaque jour par le dos. Fais pivoter ma nuque qui crisse comme si des grains de sable l'enrayaient et la tiens droite ensuite. Mains exactement jointes à hauteur du nez, bras horizontaux, je salue. Quoi? Rien, simple geste de respect envers, disons, l'ensemble des choses. Puis, main gauche dans main droite, pouces joints à leur extrémité et, ne faisant « ni montagne ni vallée », je m'installe dans l'immobile posture et plonge en moi.

Le silence n'y est pas. S'agitent en effet presque tout de suite images, pensées, miasmes de la veille et du sommeil récent. Je prends alors appui sur ma respiration qui, lentement, devient profonde, s'enfonce dans l'abdomen, ce hara (du kiri) japonais, qu'ils disent être l'océan de l'énergie humaine, situé à trois de nos doigts au-dessous du nombril. En ce réceptacle existe en effet une force, une puissance que le souffle suscite, développe. Au bout ultime de cet expir long, qui se fraie un chemin, l'inspir survient de façon presque instantanée. Doucement, presque plus d'images en moi, plus de pensées, rien que des ondes, des vagues d'ondes qui passent dans la conscience. Ondes.

Après quelques minutes de cette plongée en dedans,

je rouvre les yeux. Et le vrai éveil est là : dans une pureté de vision toujours surprenante, la réalité est là, totale.

Je salue alors de nouveau, incline le buste vers la terre, touche le sol avec mon front. J'aime ces gestes simples : la beauté des mains jointes, paumes fortement pressées l'une contre l'autre à hauteur du visage, acte de respect global qui crée un moment de concentration intense... La dignité aussi qui émane naturellement de la prosternation, lorsque le corps, d'habitude dressé, s'incline humblement vers le sol et que les genoux, puis le front, les bras, les mains épousent sa surface âpre et dure. Quelle que soit la matière du sol (moquette, tatami, plancher, terre...), le contact est toujours surprenant et, disons-le, on touche du front le silence Et, cela décoince parfaitement de l'immobilité.

Déploie mon corps, fais quelques mouvements de gym pendant que l'eau du thé, vert ou noir, suivant l'envie, est mise à bouillir. M'assieds pour écrire, imbibé de la nuit qui devient aube, nouveau jour.

Longtemps je ne compris pas ce que maître Taïsen Deshimaru voulait dire quand il prétendait que, durant la pratique du zazen, nous influencions le cosmos entier. Il employait aussi beaucoup l'expression *cosmic order* et « *During zazen you follow cosmic order* » était une phrase qui, chez lui, tenait presque lieu de litanie. « En zazen, vous suivez l'ordre cosmique », j'avoue que ce leitmotiv m'agaçait, je ne saisissais guère comment une posture, toute d'immobilité et de silence, pouvait à la fois suivre et influencer les énergies du cosmos.

C'est Marie-Louise von Franz, grande disciple et continuatrice de Jung qui a éclairé ma lanterne et attiré mon attention sur des travaux révolutionnaires de scientifiques modernes. Un soir, en lisant quelques-unes de ses réflexions sur la synchronicité, j'eus un brutal satori, mon entendement s'ouvrit à une nouvelle dimension de l'univers. C'était un dimanche, j'avais travaillé toute la matinée, à midi des amis étaient venus déjeuner, nous avions fait une grande promenade printanière dans la nature sauvage des monts du Vaucluse en suivant un sentier caché serpentant dans les collines, à l'écart du temps, puis d'autres gens étaient passés pour le thé, nous avions beaucoup parlé, échangé et, vers huit heures, tout le monde étant parti, je me retire dans le silence de ma bibliothèque pour finir de lire le dernier chapitre du livre commencé [1] ; je reste debout, l'ouvrage à la main, et, d'un coup, tout ce que je lis me transporte, opère un profond et durable bouleversement en moi. La rencontre de mon expérience personnelle et de celle, exprimée par M. L. von Franz fait tilt et je comprends. Elle dit, car il faut citer ici ces lignes éclairantes : « Jung a démontré de son côté que ce que nous appelons la psyché collective possède un savoir qu'il a appelé " savoir absolu " par ce qu'il a de complètement différent du savoir de notre conscient. En citant Leibniz, Jung décrit ce savoir comme des représentations " qui consistent — ou mieux paraissent consister — en *simulacra* sans sujet, en images ".

1. *La Synchronicité, l'Ame et la Science* : existe-t-il un ordre acausal, par H. Reeves, M. Cazenave, P. Solié, K. Pribram, H. F. Etter, M. L. von Franz, éd. Poiesis.

« Il y a aujourd'hui un certain nombre de physiciens qui admettent quelque chose comme un *universal mind* (esprit universel), mais il existe des divergences sur la question de savoir si cet esprit serait conscient ou inconscient. Jung l'appelle une " luminosité ", pour l'opposer à la lumière plus claire et plus définie de notre conscience. Il l'appelle aussi ailleurs un *" nuage de savoir "*. Ce savoir semble être une *awareness,* qui d'une part embrasse une information beaucoup plus vaste que ne l'est la nôtre, mais qui manque d'autre part de précision focale et détaillée. On pourrait (mais il s'agit là d'une métaphore) comparer ce " savoir absolu " de l'univers inconscient à cette " lueur fossile " dans l'arrière-fond cosmique, un continuum " lumineux " en ondes millimétriques, qui se distingue cependant des " lumières " des étoiles et des soleils, qui correspondraient dans ma comparaison aux images d'un ego plus ou moins conscient.

« Dans tous les concepts modernes de *" proto-conscience "*, d'*universal mind*. etc., il faudrait encore préciser de beaucoup le fonctionnement et le " savoir " qu'ils semblent posséder ou non. Il me semble certain que ce savoir est d'une nature très différente de notre savoir conscient. David Bohm lui aussi parle d'une " énergie intelligente " existant dans l'ordre involué, qui nous pousserait de temps en temps à des découvertes créatrices ; mais il ne précise pas si cette intelligence est ou n'est pas de même nature que la nôtre. Il dit seulement qu'elle est préconceptuelle — ce qui la rapproche certainement du " savoir absolu " de Jung...

« Cela rejoint évidemment plusieurs théories scientifiques dont celles de Costa de Beauregard qui, à partir des concepts de l'information, postulent l'existence d'un " infrapsychisme " coextensif avec le monde quadridimensionnel de Einstein-Minkowski, *infrapsychisme qui contiendrait un savoir ou une information de "survol du Tout"*. Cette même idée d'un " savoir cosmique " s'impose, comme l'a déjà relevé Cazenave, par l'expérience réalisée du paradoxe d'Einstein-Podolski-Rosen, puisque cette expérience mène à penser que la particule B " sait " instantanément et sans transmission (subluminale du moins!) le changement qu'a subi la particule A qui lui était liée au départ — et changement imposé à la particule A par le fait même de l'observation.

« Ce même savoir cosmique apparaît enfin dans la loi de la demi-vie de la désintégration radioactive. Chaque atome qui se décompose " sait " quand il doit le faire par rapport à l'ensemble auquel il appartient. Il n'y aurait donc pas seulement là un *ordre* total acausal, mais cet ordre posséderait même un " savoir " d'une nature qu'il faudrait examiner de plus près. » Longue citation nécessaire.

Cet « océan d'énergie » comme l'appelle le physicien David Bohm se situerait à « l'arrière-plan » de la matière et de la conscience, transcendant tout ordre involué et évolué, au-delà de l'espace-temps qu'il traverse.

Tilt. Nous sommes immergés dans la soupe primordiale, atomes parmi les atomes, émetteurs-récepteurs, tous communicants.

Les Chinois et les Japonais définissent par le mot *Ch'i* ou *Ki* le continuum de cette énergie universelle. Et, nous l'avons vu, mon maître zen nous rappelait avec insistance que, aidé de la respiration avec concentration sur un expir très profond, nous pou-

vions non seulement déclencher ce processus énergétique dans cette zone abdominale qui s'appelle *Hara* (et
aussi *Ki Kai Tanden,* traduit littéralement par
l'expression : l'océan de l'énergie...) mais encore, et
par là même, entrer en contact avec elle.

Il suffit d'avoir pratiqué la posture de zazen, cette
méditation assise et sa respiration d'expir prolongé
pour *ressentir* très physiquement un état radicalement différent : cet état, qui est un état de satori,
pourrait donc se définir en termes de *fréquences*
d'ondes, indéterminées et non traduisibles par les
codes de nos langages et pensées, et aussi en termes
d'*étendues* métapsychiques, champs d'énergie silencieuse mais absolument perceptible par l'introspection (l'*insight*) et qui, dirais-je, ont à peu près la même
fonction immédiate que le courant électrique en train
de recharger un accumulateur vide.

En dehors de l'oxygénation et du calme (qui font
d'ailleurs partie de l'ensemble du processus) apporté
par l'immobilité consciente et forcée, cet arrêt du
mouvement essentiellement inconscient de l'état de
veille, la nouvelle vitalité que l'on peut remarquer
chez tous ceux qui viennent de pratiquer un moment
de méditation intensive ne peut s'expliquer qu'ainsi :
réveil et stimulation de son énergie *(Ki)* intérieure et
mise en phase avec l'énergie *(Ki)* universelle.

Il semble vrai que cette énergie puisse penser au-
delà de la pensée : existe-t-il là une proto-conscience
(que les Japonais appellent *Alaya*), qu'on ne peut
caractériser avec des mots s'appliquant au fonctionnement de notre cerveau mais qui serait une onde douée
d'un savoir, une entité qui nous informe et que nous
informons ?

Éloge du silence

Un réseau d'ondes d'une absolue existence, une mer d'ondes dans laquelle nous baignons sans cesse, sans le savoir...

L'évolution de l'être humain passerait-elle par ce mystérieux savoir ? J'ai l'intuition que oui.

Serait-ce là l'*anima mundi*, l'âme du monde ?

Le silence vivant du monde ?

Échos du silence

Chez des amis où nous déjeunons au soleil de juin, un insecte bourdonne et virevolte autour du visage de ma voisine. Je l'écarte d'un revers de main qui, brutal, le tue. Il tombe sur une dalle, ne bouge plus : figé, il entre dans le silence de la pierre.

Plus tard, marchant seul sur le sentier surplombant la combe déserte, je jette un cri : le silence bleu ciel et jaune roc se décompose en un relief sonore d'échos. Et je pense alors à cette histoire que raconte le maître ch'an chinois du IXe siècle, Houang Po : « Je vous demande de ne jamais rien chercher, car ce qu'on cherche, on le perd en le cherchant... Il y avait un imbécile qui criait tout en haut d'une montagne. Comme l'écho de son cri montait de la vallée, il dévala la montagne à la recherche de l'auteur de ce cri, mais il ne trouva personne. Alors, il poussa un autre cri, et cette fois l'écho lui répondit de la cime et l'imbécile réescalada la pente... Cela dure depuis mille vies, dix mille kalpas ! Il cherche une voix et court après un écho, malheureux promis à mourir et à renaître absurdement ! Quand vous n'aurez plus de voix, il n'y aura plus d'écho. Le nirvāna ne peut s'entendre, se connaître, car il n'a pas de voix et transcende, vagues ou précises, toutes les traces. Comprenez cela et vous vous rapprocherez du maître-patriarche [1] ! »

Ce qui me rappelle cette autre histoire [2], drôle celle-là, du zen : Deux moines zen, un jeune et un patriarche, se promènent sur un plateau désert.

Le jeune nommé demande : « Maître, qu'est-ce que le secret, qu'est-ce que le silence ? »

Le patriarche ne répond pas et continue la promenade.

Le plus jeune : « Maître, maître, il y a paraît-il un secret dans le zen, Bodhidharma ne parle-t-il pas d'un secret, de la pratique de la sagesse pure, dont la substance serait le silence et la vacuité ? Maître, je veux savoir, qu'est-ce que le secret, qu'est-ce que le silence ? » Le patriarche reste muet et poursuit son chemin, suivi du jeune disciple qui répète : « Maître, maître, qu'est-ce que le secret, qu'est-ce que le silence ? »

Ils parviennent en bordure d'une falaise. Un arbre surplombe le vide, presque à l'horizontale.

Le vieux moine ordonne à son jeune ami : « Marche en équilibre le long de cette branche. » Le jeune moine, avec prudence, avance au-dessus du vide. « Maintenant, dit le patriarche, arrête-toi, baisse-toi, mords très vite la branche entre tes dents et suspends-toi dans le vent comme un fruit vert que tu es ! » Le jeune moine, très inquiet mais très discipliné, obéit à son maître, et bientôt il est pendu au-dessus du vide, retenu par ses seules mâchoires. « Maintenant, lui dit le maître, dis-moi, qu'est-ce que le secret, qu'est-ce que le silence ? »

J'ai comme l'intuition que Shri Aurobindo, ce grand

1. *Les entretiens de Houang Po,* éd. les Deux Océans.
2. En clin d'œil à Jacques Deperne.

esprit, a raison lorsqu'il disait : « Aux portes du Transcendant se tient ce simple et parfait Esprit décrit dans les Upanishads, lumineux, pur, soutenant le monde mais inactif en lui, sans tensions d'énergie, sans fissure de qualité, sans cicatrice de rupture, unique, identique, libre de toute apparence de rapport et de multiplicité, le transcendant Silence. Et l'esprit, quand il franchit soudain ces portes, sans l'intermédiaire d'aucune transition, a le sens de l'irréalité du monde et de la seule réalité du Silence — une des expériences les plus puissantes et les plus convaincantes dont l'esprit humain soit capable. »

Et saint Bernard : « On apprend plus dans les bois que dans les livres. Les arbres et les rochers vous enseigneront des choses que vous ne sauriez entendre ailleurs. »

Pour le *Yi King*, le silence est contemplation, image du vent qui souffle sur la terre (hexagramme 20). Il indique le pouvoir de la personnalité supérieure qui se trouve en chacun de nous et qui, pour demeurer noble, doit rester sans tache, pacifiée. C'est dans cette vie même qu'il faut nous efforcer de tout comprendre, disait encore Houang Po.

Le silence est bien l'arrière-fond permanent. Le témoin absolu.

Présence. Émotion fragile, sentiment de participer à la création permanente.

Mais qu'y a-t-il derrière ?

Inutile de chercher, tout est là.

Dans la conscience pleine de chaque instant, laisser parler le silence.

Gordes, juin 1986

TABLE

Les états du silence 9
Les seuils du bruit 21
Les signes de la communication 31
Le langage des yeux 47
Le miroir de Psyché 61
La huitième note 81
Le langage des oiseaux 99
La bibliothèque de Babel 113
Le sens du dessin 131
Images du sacré et mémoire des ruines 145
Derrière les murs, l'espace 161
Sotie sur la peur 177
Mort et solitude 189
Le dit d'Élohim 205
Le calme méditant 219
Éveils 231
Échos du silence 241

DU MÊME AUTEUR

Aux Editions Albin Michel

La Clarté intérieure
Sur les pas du Bouddha
Techniques de méditation et pratiques d'éveil
Essais sur les mystiques orientales (avec Daniel Odier)
La légende de Talhuic
Eloge du bon sens dans la quête du sens
Le Rire du tigre
Dans la série Carnets de sagesse : *Paroles zen, du Tibet, de l'Inde, du Bouddha, de méditation, du Tao, du Dalaï-Lama* (7 vol.), ainsi que *Paroles de sérénité, Paroles de tolérance* et *Paroles de sagesse éternelle* (avec Michel Piquemal).

Chez d'autres éditeurs

Textes sacrés d'Orient (Belfond)
Ramakrishna, un sage en Inde (Courrier du Livre)

DERNIERS TITRES PARUS

1. *Éloge du Silence*, de Marc de SMEDT.
2. *L'Érotisme et le Sacré*, de Philippe CAMBY.
3. *L'Aura : Le corps de lumière*, de David TANSLEY.
4. *La mort est une autre naissance*, collectif avec une préface de Marc ORAISON.
5. *La Magie des plantes*, de Jacques BROSSE.
6. *L'Esprit des jeux*, de Marc de SMEDT, Jean-Michel VARENNE et Zéno BIANU.
7. *Sourates*, de Jacques LACARRIÈRE.
8. *Les Ages de la vie*, de Christiane SINGER.
9. *Je m'appelle toi*, de Jacques SALOMÉ.
10. *Henry Thoreau, l'éveillé du Nouveau Monde*, de Gilles FARCET.
11. *Zen et self-control*, de Taisen DESHIMARU.
12. *Les Médecines sacrées*, de Claudine BRELET-RUEFF.
13. *Le Symbolisme du corps humain*, d'Annick de SOUZENELLE.
14. *Vivre mieux et guérir par les couleurs*, d'Andrée SCHLEMMER.
15. *Sur les pas du Bouddha*, de Marc de SMEDT.
16. *La Guerre et les Religions*, de Pierre CRÉPON.
17. *L'Évangile de la colombe*, d'ORIA.
18. *Alexandra David-Néel*, de Jacques BROSSE.
19. *Aux sources de la présence*, de Daniel PONS.
20. *Le 7ᵉ Sens ou le corps spirituel*, de Jeanne GUESNÉ.
21. *Teilhard de Chardin et le mystère de la Terre*, de Jean ONIMUS.
22. *36 preuves de l'existence du Diable*, d'André FROSSARD.
23. *Cantique pour Nathanaël*, d'André CHOURAQUI.
24. *Terre sacrée, l'univers sacré des Indiens d'Amérique du Nord*, de Serge BRAMLY.
25. *Le Retour du courage*, de Jean-Louis SERVAN-SCHREIBER.
26. *Arnaud Desjardins ou l'aventure de la sagesse*, de Gilles FARCET.
27. *Le Zen et la Bible*, de J. K. KADOWAKI.
28. *Marie-Madeleine, un amour infini*, de Jacqueline KELEN.
29. *Rêves d'hier et d'aujourd'hui*, de Marie-Louise von FRANZ.
30. *Prophètes d'aujourd'hui*, de Rachel et Jean-Pierre CARTIER.
31. *Merlin l'Enchanteur*, de Jean MARKALE.
32. *L'Art de la concentration*, de Pierre FEUGA.
33. *Contes de la mort*, de Jean MARKALE.

34. *Le Destin du Monde d'après la tradition shivaïte*, d'Alain DANIÉLOU.
35. *Le Christ hébreu*, de Claude TRESMONTANT.
36. *La Femme dans les contes de fées*, de Marie-Louise von FRANZ.
37. *Mélusine ou l'androgyne*, de Jean MARKALE.
38. *La Tentation des Indes*, d'Olivier GERMAIN-THOMAS.
39. *Méditer et agir*, colloques de la Sainte-Baume.
40. *Jésus raconté par le Juif Errant*, d'Edmond FLEG.
41. *Le Zen en chair et en os*, de Paul REPS.
42. *La Clarté intérieure*, de Marc de SMEDT.
43. *L'Absurde et la Grâce*, de Jean-Yves LELOUP.
44. *Voyages et aventures de l'esprit*, d'Alexandra DAVID-NEEL.
45. *La Nuit privée d'étoiles*, de Thomas MERTON.
46. *Confidences impersonnelles*, d'Arnaud DESJARDINS.
47. *Méditation zen et prière chrétienne*, de H. M. ENOMIYA LASSALLE.
48. *Tristan et Iseut*, de Michel CAZENAVE.
49. *L'Homme aux prises avec l'inconscient*, d'Elie G. HUMBERT.
50. *La Psychologie de la divination*, de M.-L. von FRANZ.
51. *La Synchronicité, l'âme et la science*, ouvrage collectif.
52. *Islam, l'autre visage*, d'Eva de VITRAY-MEYEROVITCH.
53. *La Chronobiologie chinoise*, de Pierre CRÉPON et Gabriel FAUBERT.
54. *Sentences et proverbes de la sagesse chinoise*, choisis et adaptés par Bernard DUCOURANT.
55. *Vivre, Paroles pour une éthique du temps présent*, d'Albert SCHWEITZER.
56. *Jésus fils de l'homme*, de Khalil GIBRAN.
57. *Les Chemins du Zen*, de D. T. SUZUKI.
58. *Le 3e Souffle ou l'agir universel*, de Jeanne GUESNÉ.
59. *Le Testament de l'Ange. Les derniers jours de Gitta Mallasz*, de Bernard MONTAUD.
60. *Confiteor*, de Bernard BESRET.
61. *Les Mythes de l'Amour*, de Denis de ROUGEMONT.
62. *La Place de l'homme dans la nature*, du père TEILHARD DE CHARDIN, présenté par Jean ONIMUS.
63. *Communiquer pour vivre*, ouvrage collectif sous la direction de Jacques SALOMÉ.
64. *Accroche ta vie à une étoile*, de Stan ROUGIER.
65. *Du bon usage des crises*, de Christiane SINGER.
66. *Parole de terre. Une initiation africaine*, de Pierre RABHI.
67. *J'attends Quelqu'un*, de Xavier EMMANUELLI.

68. *Désert, déserts*, de Jean-Yves LELOUP.
69. *Le Graal*, de Jean MARKALE.
70. *Ultimes Paroles*, de KRISHNAMURTI.
71. *Moïse raconté par les Sages*, d'Edmond FLEG.
72. *Le Doigt et la Lune*, d'Alexandro JODOROWSKY.
73. *Thé et Tao, l'art chinois du thé*, de John BLOFELD.
74. *L'Égypte intérieure ou les dix plaies de l'âme*,
    d'A. de SOUZENELLE.
75. *L'Au-delà au fond de nous-mêmes. Initiation à la méditation*,
    d'A. et R. GOETTMANN.
76. *Le Soleil d'Allah brille sur l'Occident*, de S. HUNKE.
77. *Le Livre des prénoms bibliques et hébraïques*,
    de M.-A. OUAKNIN.
78. *Le Chant de l'Être*, de S. WILFART.
79. *La Parole au cœur du corps*, entretiens avec J. Mouttapa,
    d'A. de SOUZENELLE.
80. *Henri Le Saux, le passeur entre deux rives*, de M.-M. DAVY.
81. *La petite Sainte Thérèse*, de M. VAN DER MEERSCH.
82. *Sectes, Églises et religions, éléments pour un discernement
    spirituel*, de J.-Y. LELOUP.
83. *À l'écoute du cœur*, de Mgr MARTINI.
84. *L'Oiseau et sa symbolique*, de M.-M. DAVY.
85. *Marcher, méditer*, de M. JOURDAN et J. VIGNE.
86. *Le Livre du sourire*, de C. de BARTILLAT.
87. *Le Couple intérieur*, ouvrage collectif sous la dir. de P. SALOMON.
88. *Nous avons tant de choses à nous dire*, de R. BENZINE et
    C. DELORME.
89. *Tous les matins de l'amour*, de J. SALOMÉ.
90. *L'Orient intérieur*, ouvrage collectif sous la direction de
    M. DE SMEDT.
91. *Les Évangiles des quenouilles*, traduits et présentés par
    J. LACARRIÈRE.
92. *Les Mémoires de l'oubli*, de J. SALOMÉ et S. GALLAND.
93. *Qu'est-ce qu'une religion ?*, d'O. VALLET.
94. *Science et croyances*, de A. JACQUARD et J. LACARRIÈRE.
95. *Nicolas Berdiaev, ou la révolution de l'Esprit*, de M.-M. DAVY.
96. *Dernier avis avant la fin du monde*, de X. EMMANUELLI.
97. *Jésus et Bouddha*, d'O. VALLET.
98. *D'un millénaire à l'autre. La grande mutation*, collectif dir. par
    F. L'YVONNET.
99. *Un Juif nommé Jésus*, de M. VIDAL.

100. *Le Cercle sacré. Mémoires d'un homme-médecine sioux,* d'A. Fire Lame Deer.
101. *Être à deux ou les traversées du couple,* collectif dir. par N. Calmé.
102. *La Source du bonheur,* de C. Boiron.
103. *Une passion,* de C. Singer.
104. *Cent prières possibles,* d'A. Dumas.
105. *L'Art de vivre au présent,* collectif dir. par É. Le Nouvel.
106. *Manque et Plénitude,* de J.-Y. Leloup.
107. *Le Cercle de Vie. Initiation chamanique d'une psychothérapeute,* de M. Séjournant.
108. *Le Théâtre de la guérison,* d'A. Jodorowsky.
109. *Histoire d'âme,* de C. Singer.
110. *L'Âme de la nature,* de R. Sheldrake.
111. *Au nom de la vérité, Algérie 1954-1962,* de Mgr L. E. Duval.
112. *L'Art du kôan zen,* de T. Jyoji.
113. *L'Absurde et la Grâce,* de J.-Y. Leloup.
114. *Le Palais des arcs-en-ciel,* de T. Tcheudrak.
115. *Éloge du bon sens,* de M. de Smedt.
116. *En chemin vers le Bouddha,* d'O. Germain-Thomas.
117. *Pour comprendre l'intégrisme islamiste,* de M. Gozlan.
118. *Le Rêve de Confucius,* de J. Lévi.
119. *Un art de l'attention,* de J.-Y. Leloup.
120. *Religions en dialogue,* de J. Mouttapa.
121. *Le Courage de se libérer,* de P. et P. Fenner.
122. *Histoire des Dalaï-Lamas,* de R. Barraux.
123. *Du Sahara aux Cévennes,* de P. Rabhi.
124. *Aux sources du zen,* d'A. Low.
125. *Le Curé de Nazareth,* d'H. Prolongeau.
126. *L'Évangile d'un libre penseur,* de G. Ringlet.
127. *Le Courage de vivre pour mourir,* de N. Masson-Sékiné.
128. *Quand la conscience s'éveille,* d'A. de Melo.
129. *Les Fables d'Ésope,* prés. par J. Lacarrière.
130. *Sans les animaux, le monde ne serait pas humain,* de K. L. Matignon.
131. *L'Esprit des arts martiaux,* d'A. Cognard.
132. *L'Arc et la Flèche,* d'A. de Souzenelle.
133. *Adieu, Babylone,* de N. Kattan.
134. *Le Gardien du feu,* de P. Rabhi.
135. *La Prière parallèle,* de C. Paysan.
136. *Dieu a changé d'adresse,* d'O. Vallet.
137. *La Danse de la réalité,* d'A. Jodorowsky.

138. *Le Courage de changer sa vie,* d'A. Ducrocq.
139. *Le Maître de nô*, d'A. Godel.
140. *Les Fleurs de soleil*, de S. Wiesenthal.
141. *Khalil Gibran*, de J.-P. Dahdah.
142. *Ces ondes qui tuent, ces ondes qui soignent*, de J.-P. Lentin.
143. *Les Dix Commandements intérieurs*, d'Y. Amar.
144. *Guérir l'esprit*, collectif avec J.-Y. Leloup, F. Skali, Lama D. Teundroup.
145. *La Quête du sens*, ouvrage collectif.
146. *La Foi ou la nostalgie de l'admirable*, de B. Vergely.
147. *Traversée en solitaire*, de M.-M. Davy.
148. *Éloge de la fragilité*, de G. Ringley.
149. *L'Échelle des anges*, d'A. Jodorowsky.
150. *Petite grammaire de l'érotisme divin*, d'O. Vallet.
151. *La Troisième Voie*, de D. Harding.
152. *Le Rire du tigre*, de M. de Smedt.
153. *L'Effort et la Grâce*, de Y. Amar.
154. *Appel à l'amour*, d'A. de Mello.

*Reproduction photomécanique et
impression Bussière, mai 2005
Éditions Albin Michel
22, rue Huyghens, 75014 Paris
www.albin-michel.fr*

ISBN 2-226-03813-2
ISSN 1147-3762
N° d'édition : 23620. – N° d'impression : 051931/1.
Dépôt légal : octobre 1989.
Imprimé en France.